Milka

Das Jahrhundertbuch der Schokolade

Mit den schönsten Rezepten für die zarteste Versuchung

Mit Texten von Stephan Anders
und Rezepten von Stephan Franz
fotografiert von Susie Eising

ZABERT SANDMANN

Vorwort — Seite 8

Die Geschichte der Schokolade — Seite 10

Die Suchard Milka Erfolgsstory — Seite 26

Vom Kakaobaum zum Kakaopulver — Seite 38

Vom Rohkakao zur Schokotafel — Seite 52

Schokolade macht glücklich — Seite 60

Die Schokolade in der Küche — Seite 68

Mit Schokolade gestalten — Seite 76

Zarte Schokoladen-Verführungen — Seite 88

Register — Seite 118

Vorwort

Schokolade – man spricht das Wort aus und schon beginnen die Augen hell zu leuchten. Eine süße Sünde, eine Belohnung, ein kleiner Trost und eine unwiderstehliche Verführung zum Genuss. *La dolce vita!*
Und obwohl die Schokolade zumindest als Getränk schon seit Jahrhunderten zum Kulturgut Europas gehört, fasziniert sie immer wieder aufs Neue, schmeckt sie jedes Mal wie eine Entdeckung.
So geht es uns auch mit Milka, der Schokolade aus dem Hause Kraft Foods. 98 Prozent der Deutschen kennen ihren Namen, fast jeder hat sie schon einmal probiert. Aber wer hätte gedacht, dass es sie schon 100 Jahre gibt, seit April 1901, um genau zu sein? Auch die lila gefleckte Alpenkuh, die mittlerweile schon Kultstatus hat, ist bereits seit über einem Vierteljahrhundert als Sympathieträger für die auf der Zunge schmelzende Köstlichkeit unterwegs. Höchste Zeit also, der »zartesten Versuchung, seit es Schokolade gibt« ein Denkmal zu setzen.

Stephan Anders erzählt im ersten Teil dieses Buchs, woran es liegt, dass wir der braunen Götterspeise aus Kakao, Milch, Zucker und dem gewissen Etwas nie überdrüssig werden. Er verfolgt den Weg des Kakaos vom bitteren Göttertrank der alten Azteken zum Kultgetränk der barocken Fürstenhöfe und weiter zu den großen Erfindern des 19. Jahrhunderts, die Schokolade endlich zu einem Genuss für jedermann machten – essbar überall und zu jeder Zeit. Selbst bei der Erstbesteigung des Mount Everest war sie dabei!

Der Leser erfährt, was alles passieren muss, damit aus den frisch geernteten Kakaobohnen die Köstlichkeit werden kann, die wir so lieben. Warum Schokolade gesund ist, warum sie uns glücklich macht und was Köche und Bäcker daraus alles kreieren.

Im zweiten, praktischen Teil des Buchs weiht Meisterpatissier Stephan Franz den Leser in die Kunst der Chocolaterie ein. Anschauliche Schritt-für-Schritt-Fotos veranschaulichen, wie man mit Schokolade malt, schnitzt oder modelliert.
Im anschließenden Rezeptteil stellt Franz 13 eigens für dieses Buch entwickelte unwiderstehliche Schokoladenkreationen vor. Brillante Farbfotos bezeugen, dass man aus »braunem Gold« wahre Kunstwerke erschaffen kann.

Das alles finden Schokophile in diesem Buch. Man liest es am besten mit einer Tafel Milka in Reichweite. Solange es Schokolade gibt, kann die Welt nicht wirklich schlecht sein.

Milka

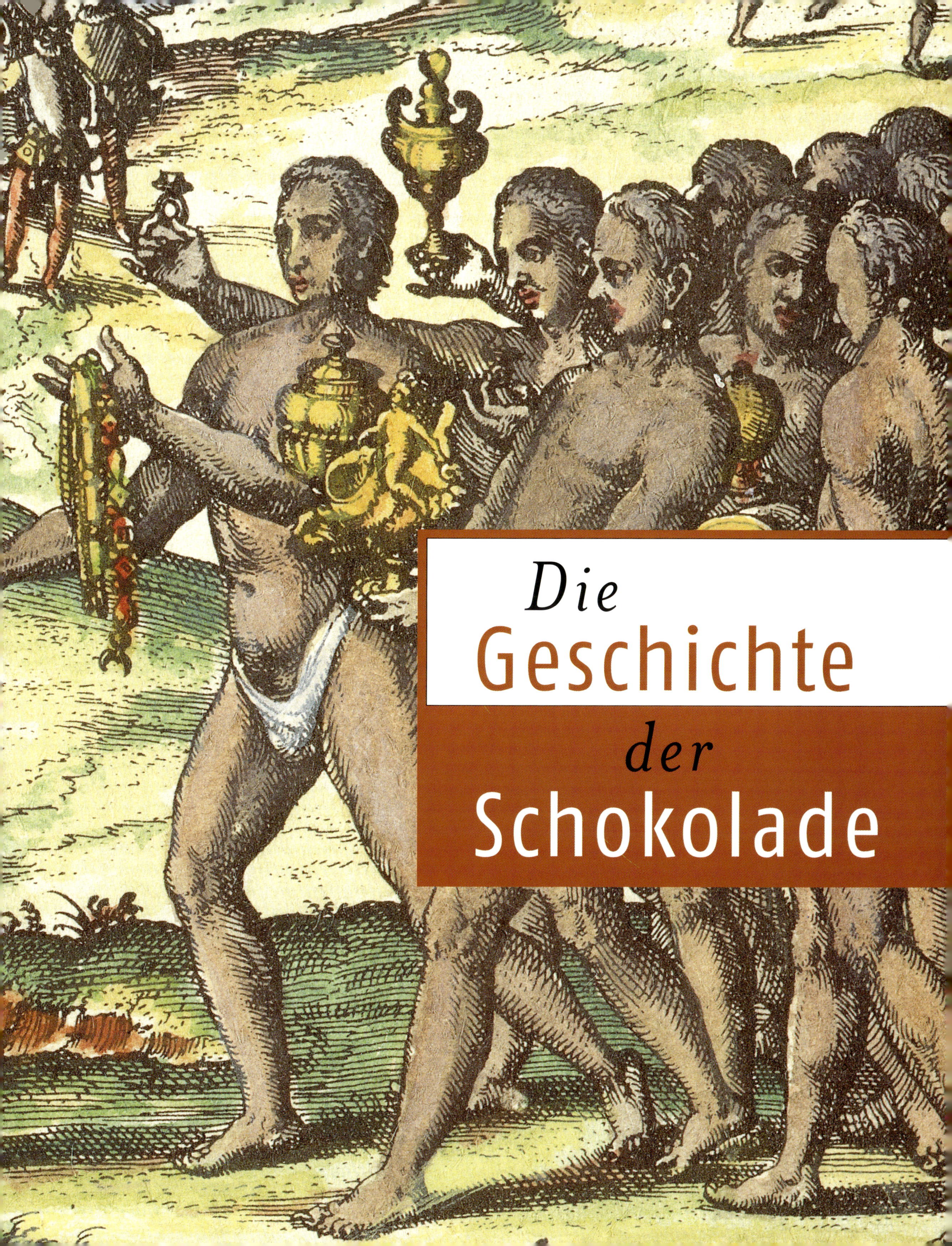

Die Geschichte *der* Schokolade

Eine Götterspeise – das war die Schokolade für die Azteken, ein Privileg der Edlen und Mächtigen. Doch bis auch die Europäer und der Rest der Welt herausfanden, wie göttlich das Getränk aus den gerösteten Bohnen des Kakaobaums schmecken kann, musste noch viel geschehen. Vor der Entdeckung Amerikas war der Kakao – wie Tabak, Kaffee, Tee und viele exotische Gewürze – in Europa vollkommen unbekannt. Aber die primitive Urform der Schokolade gab es schon in präkolumbischen Zeiten, wahrscheinlich sogar schon 1000 Jahre v. Chr. Das sagenumwobene Volk der Mayas in Mittelamerika hat ihre Zubereitung aus den gerösteten Samen des Kakaobaums bereits gekannt, lange bevor seine Hochkultur auf rätselhafte Weise unterging und die Mayas um 1300 n. Chr. von den Azteken unterworfen wurden.

Kakao als Zahlungsmittel

Im Jahr 1502 erreichte Christoph Kolumbus auf seiner vierten Expedition die Insel Guanaja, vor der Küste des heutigen Honduras. Die »Santa Maria« ging vor Anker, eine Indianerdelegation kam an Bord. Der Häuptling bot dem Eroberer Kakaobohnen als Gastgeschenk an, denn immerhin war das damals die dort gültige Währung: Ein Kürbis kostete vier solcher Bohnen, einen Sklaven konnte man für 100 eintauschen. Der Genueser interessierte sich nicht für die seltsamen »Mandeln«, auch König Ferdinand von Spanien, dem Kolumbus sie später brachte, zeigte sich noch zutiefst unbeeindruckt.

Unten: Die Maske aus Türkismosaik stellt den Gott Quetzalcóatl dar. Er soll den Azteken die Samenkerne des Kakaobaums durch fleißige Ameisen geschickt haben.

Für das Jahr 1519 hatten die Astrologen der Azteken die Rückkehr des Gottes Quetzalcóatl vorhergesagt, dem sie unter anderem das Geschenk des Kakaobaums zuschrieben. Dieser mächtige Vogel-Schlangen-Gott war in ihrer Sagenwelt in Richtung der aufgehenden Sonne geflohen. Und die Azteken waren davon überzeugt, er würde auch von Osten her wiederkehren. Als nun genau in diesem vorhergesagten Jahr 1519 der spanische Eroberer Hernando Cortez mit 700 Mann und 14 Kanonen vor der Küste Mexikos landete, glaubten die Azteken, der große Tag sei gekommen.

Dem vermeintlichen weißen Gott – in glänzender Rüstung und mit Federbusch am Helm! – gaben die Abgesandten des Aztekenherrschers Moctezuma freies Geleit bis in die Hauptstadt Tenochtitlán, dem heutigen Mexiko-Stadt. Cortez, der von Moctezuma wie ein Gott emp-

Oben: Reife Kakaofrucht im Ganzen und angeschnitten. Daneben der Samen, die so genannte Kakaobohne.

Links: Das Gemälde eines unbekannten Meisters aus dem 17. Jahrhundert stellt Kolumbus' Ankunft in der Neuen Welt im Jahr 1502 dar. Der damaligen Weltanschauung entsprechend steht der religiöse Eifer der Eroberer im Mittelpunkt der Szene.

fangen wurde, ließ diesen zunächst in seinem Irrglauben. Der Eroberer suchte Gold und nicht Kakaobohnen. Doch obwohl er die religiöse Bedeutung des daraus bereiteten Getränks nicht begriff, verstand er sehr wohl dessen materiellen Wert als Zahlungs- und Tauschmittel. Moctezuma begriff seinerseits zu spät, mit wem er es zu tun hatte. Zwei Jahre später war der Aztekenherrscher tot, seine Schatzkammern von den Spaniern geplündert, seine Zivilisation zerstört und Tenochtitlán in Schutt und Asche gelegt. Die Kakaoanbaugebiete der Azteken hatten sich über den Süden Mexikos bis nach Guatemala erstreckt. Cortez ließ unmittelbar nach Vollendung seines Zerstörungswerks weitere riesige Kakaoplantagen anlegen – um Gold damit zu machen. Nur der rege Nachschub schwarzer Sklaven aus Westafrika machte dies möglich …

Bei den Azteken hieß das Göttergetränk *cacahuatl*. Das heißt wörtlich übersetzt »Kakaowasser«, was seine beiden Grundbestandteile bezeichnet. Cortez benutzte dafür den Ausdruck *cacao*. Das Wort *chocolatl* prägten erst die spanischen Siedler. Moderne Sprachforscher vermuten, dass die Katholiken seinerzeit sittlichen Anstoß an der ersten Worthälfte von *cacahuatl* nahmen, die bei ihnen peinliche Assoziationen erweckte. Sie brauchten also dringend ein Ersatzwort: *chocolatl*. Und da sie die zungenbrecherischen aztekischen Endsilben nicht aussprechen konnten, wurde aus *chocolatl* eben *chocolate*. So heißt Schokolade auch noch heute in der spanisch- und in der englischsprachigen Welt.

Feurig scharf und lauwarm

Das Gebräu, das den Azteken heilig war, würde uns heute nicht leicht die Kehle hinunter fließen. Denn es war furchtbar bitter, ziemlich scharf und zudem wegen der darin enthaltenen Kakaobutter schwer verdaulich. Der Chronist Gonzalo Fernández de Oviedo y Valdés beschreibt in seinem Werk *Historia general y natural de las Indias*, wie der Trunk damals zubereitet wurde: »Man nehme 30 Kakaomandeln pro Viertelliter Wasser. Die Bohnen werden sorgsam gegrillt und anschließend zu Pulver zermahlen. Um die gewünschte rötlich-braune Farbe zu erreichen, die an geronnenes Menschenblut erinnern sollte, werden zerstoßene Chilipfefferschoten zugefügt. Das Ganze wurde meist lauwarm getrunken und mit Vanillemark gewürzt.« In der einfachsten Form bestand Schokolade aus einer Mischung von zerstoßenen Kakaobohnen, Piment und Nelkenpfeffer. Manchmal kam auch Maismehl dazu, um die Kakaobutter zu binden.

Oben: Aztekische Steinskulptur mit Kakaofrucht (15. Jahrhundert).

Rechts: Eine Aztekin hohen Standes bereitet Kakao nach der traditionellen Methode – indem sie das Getränk von weit oben in den Becher gießt, erzeugt sie möglichst viel Schaum. Denn die Azteken schätzten an ihrem Göttertrank vor allem den Schaum.

Nur für die Oberschicht

Die lauwarme Trinkschokolade war Bestandteil aller heiligen Zeremonien. Sie war der aztekischen Oberschicht vorbehalten und wurde tapferen Kriegern als Dank für Heldentaten gereicht; einen Feigling bestrafte man hingegen mit Genussentzug: »Er wird keinen Tabak erhalten; er wird keine guten Speisen erhalten; er wird keine Schokolade trinken.« Moctezuma trank sie übrigens auch im Vertrauen auf ihre aphrodisischen Qualitäten. Diese nie wirklich bewiesene Annahme darf als eine der Haupttriebkräfte für die später so erfolgreiche Ausbreitung der Schokolade in Europa gelten. Immerhin erkannte schon Cortez' Reisegefährte Bernal Diaz del Castillo die Kraft spendende Wirkung des Kakaotranks: »Wenn man ihn getrunken hat, kann man einen ganzen Tag reisen, ohne müde oder hungrig zu werden.« Der Mailänder Reisende Girolamo Benzoni probierte die Schokolade um 1575: »Sie (die Schokolade) schien eher ein Getränk für Schweine zu sein als für die Menschheit. Ich war seit über einem Jahr in diesem Land und wollte sie nie probieren, und wann immer ich an einer menschlichen Siedlung vorbeikam, bot mir ein Indio etwas davon an und war verwundert, dass ich es nicht annahm, und lachte über mich. Doch dann, als einmal der Wein knapp war, tat ich, um nicht immer nur

Wasser zu trinken, wie die anderen. Der Geschmack ist ein wenig bitter, der Trunk sättigt und erfrischt den Körper, macht jedoch nicht betrunken.«
Allmählich schwand bei den Eroberern die Abneigung gegen den Kakao, im 17. Jahrhundert wurde er ihnen bereits zur täglichen Gewohnheit. In der Kolonie Neu-Spanien, dem heutigen Mexiko, sammelten sich nach und nach die europäischen Siedler und Abenteurer, die weiterhin nach Gold und anderen Schätzen suchten. Und die Neusiedler brachten Pflanzen und Kulturen aus der Alten Welt nach Mittelamerika: Weizen, Kichererbsen, Orangenbäume und – Zuckerrohr. Die Spanier hatten es bereits auf den Kanarischen Inseln und auf Santo Domingo gepflanzt. Nun führten sie den Rohrzucker in Mexiko ein.

Es waren spanische Nonnen, die eines Tages in ihrem mexikanischen Kloster per Zufall entdeckten, was Schokolade aus einem bitteren Heidentrank in eine Himmelsgabe verwandelt. Sie rührten Zucker hinein! Einer anderen Legende zufolge soll es der Franziskaner Juan de Zumárraga, der Bischof von Mexiko, gewesen sein, der das Bittere und das Süße zum ersten Mal vermählte. Nun brach die wahre Schokomanie aus. Überall im Land wurden *chocolaterias* eröffnet. Man saß im Schatten der Bäume, lauschte der Musik und genoss ein Tässchen feine, mit einem speziellen Holzquirl schaumig gerührte und endlich süße Schokolade. Von Mexiko aus eroberte das neue Mixgetränk zunächst die karibische Welt: die Insel Kuba und Venezuela. Die Siedler waren alle verrückt nach Schokolade.

Kakaobäume gedeihen nur im feuchtheißen Klima der Tropen. Doch sie benötigen Schatten. Deshalb wachsen sie im Schutz so genannter Mutterbäume, deren ausladendes Blattwerk das Sonnenlicht filtert. Das botanische Tableau zeigt außerdem links einen Ast des Kakaobaums mit Blättern und eine reife Kakaofrucht, rechts eine aufgeschnittene Frucht und die Kakaoblüte im Querschnitt.

Das Bild zeigt, wie Kaiser Karl V. die Geschenke aus der Neuen Welt empfängt. Neben Schmuck und kunstvollen Gefäßen gehört dazu auch das »braune Gold«, Kakao.

Und wer in die alte Heimat zurückkehrte, wollte natürlich nicht auf ihre neue Gewohnheit verzichten. Um die Mitte des 16. Jahrhunderts kamen die ersten regelmäßigen Kakaolieferungen in Spaniens Häfen an. Über hundert Jahre lang hatten die Spanier noch das Monopol auf den Handel mit der Neuen Welt, also kontrollierten sie auch die Einfuhr von Kakao nach Europa.

Ersatznahrung in der Fastenzeit

Kardinal Francesco Maria Brancaccio verkündete 1662, dass die Kirche den Genuss von Kakao in der Fastenzeit erlaubt.

Die anfänglich ängstliche Neugier gegenüber dem exotischen Genussmittel verwandelte sich in Leidenschaft, als man um 1590 auch in Spanien begann, den Kakao mit Zucker zu süßen. Die adligen Damen ließen sich ihre so heiß geliebte Schokolade sogar bis in die Kirche nachtragen, weil sie der Ansicht waren, so die langen Gottesdienste besser überstehen zu können, ohne in Ohnmacht zu fallen. Die Priester untersagten diese Unsitte allerdings bald wieder. Dennoch bekam die Schokolade von höchster kirchlicher Stelle einen Segen, der ihr im katholischen Süden Europas auf lange Zeit ein Privileg sicherte: Papst Pius V. verkündete im Jahr 1569, dass Schokolade in der Tat ein Getränk sei. Daraus leiteten wir dankbar ab, dass der Genuss von Kakao somit nicht das morgendliche Fastengebot breche. Endgültige Absolution erteilte in dieser Angelegenheit aber erst Kardinal Francesco Maria Brancaccio, der 1662 erklärte: »Getränke brechen nicht das Fasten. Der Wein, so nahrhaft er sein mag, bricht nicht das Fasten. Dasselbe gilt für die Schokolade. Sie ist nahrhaft, das kann man nicht leugnen, aber daraus folgt nicht, dass sie ein Nahrungsmittel ist.« Das fetthaltige Getränk galt also den Katholiken nicht als Verstoß wider das Fastengebot. Und die Geistlichkeit war dem morgendlichen Tässchen des magenwärmenden Trunks ohnehin längst verfallen.

Bei Aristokraten en vogue

Als Ersatznahrung in der Fastenzeit wurde die Trinkschokolade bald im katholischen Spanien und später in Italien unentbehrlich. Die Gottesgabe entwickelte sich aber auch zum weltlichen Modegetränk. Die spanische Aristokratie machte daraus sogar einen Kult. Ungeachtet dessen zerbrachen sich die Ärzte schon damals die gelehrten Köpfe, wie gesund oder ungesund diese neue Manie denn nun sei.

»Nennt man den Kaffee ein protestantisch-nördliches Getränk, so muss man die Schokolade als sein katholisch-südliches Gegenstück bezeichnen«, bemerkt der Kulturhistoriker Wolfgang Schivelbusch. Während der Kaffee das aufstrebende Bürgertum wach machte für harte Arbeitstage und revolutionäre Taten, gehörte die im Bett genossene Morgenschokolade zum provokanten Ritual einer untätigen Klasse, die auf Kosten des Volkes lebte. Nach Spanien und Portugal war Italien das dritte Land Europas, das von der Schokolade erobert wurde. Das geschah zu Beginn des 17. Jahrhunderts. Der Flickenteppich aus Fürstentümern, Stadtrepubliken und fremder Herrschaft hatte mit dem heutigen Staat Italien freilich nicht viel gemein. Viele Historiker schreiben dem Florentiner Francesco d'Antonio Carletti das Verdienst zu, die Kunde von dem neuen Getränk nach Italien gebracht zu haben. Der reiche Kaufmann war eine Art Marco Polo, der die Welt umsegelte und dabei die Kakaoplantagen Mittelamerikas besucht hatte. Wahrscheinlicher ist jedoch, dass die Schokolade über das Netzwerk der katholischen Klöster von Mexiko über Spanien nach Italien »wanderte«. Gerade die strengen Jesuiten waren begeisterte Anhänger des Getränks. Die ersten *cioccolatiere* in Venedig und Florenz, vor allem jedoch in Turin und Perugia, machten von sich reden. Aber erst gegen 1700 wurde es auch an den toskanischen Höfen Mode, mit Vanille und Jasminblüten verfeinerte Schokolade zu trinken, und die ersten Schokoladen-Cafés wurden eröffnet. Ein Denkmal jener Zeit ist das »Caffè Rivoire« in Florenz, wo man noch heute eine unschlagbar köstliche heiße Schokolade bekommt – wenn auch zu königlichen Preisen.

Die Schokolade kommt nach Frankreich

Im Barockzeitalter gehörten Kakaotasse und silberne *chocolatière* bald zu den Dolce-vita-Attributen des europäischen Adels, genauso wie die Tabatiere, der Fächer oder die gepflegte Konversation auf Französisch. Der französische Stil löste in jener Zeit an den europäischen Fürstenhöfen den spanischen ab. Als sich die Habsburgerin Anna von Österreich im Jahr 1615 mit Ludwig XIII. vermählte, soll sie die Schokolade von Madrid nach Versailles gebracht haben. Auch Maria Theresia, die Ehefrau Ludwigs XIV., liebte Schokolade. »Der König und die Schokolade sind die zwei einzigen Leidenschaften von Maria Theresia«, hieß es. Aus Spanien nach Bayonne vertriebene Juden waren dagegen mit Sicherheit die ersten Schokoladenhersteller nördlich der Pyrenäen. Der erste Schokoladenfabrikant in Frankreich hieß David Chaillou. Der König gewährte ihm 1659 mit Brief und Siegel das exklusive Privileg, eine bestimmte Mischung mit Namen Schokolade herzustellen und zu vertreiben. Damit machte der Mann schnell ein Vermögen. Ab 1705 durften die Limonadenverkäufer von Paris auch Schokolade verkaufen.

Schokolade erlangte bald als kräftigendes Frühstücksgetränk bei Jung und Alt Beliebtheit. Serviert wurde der Kakao vorzugsweise in einer »chocolatière« (Bildmitte). Das Gemälde mit dem Titel »Das Frühstück« aus dem Jahr 1739 stammt von François Boucher.

Aus den Briefen der Marquise de Sévigné an ihre Tochter lesen wir viel über die wundersamen Wirkungen und Nebenwirkungen, die man bei Hofe dem Kakaogetränk zuschrieb. »Wenn Sie sich nicht wohl fühlen, wenn Sie schlecht geschlafen haben, die Schokolade wird Sie wieder auf die Beine bringen«, empfahl die Mutter. Aber sie warnte auch vor Exzessen: »Die Marquise de Coëtlogon, guter Hoffnung im vergangenen Jahr, hat so viel Schokolade zu sich genommen, dass sie einen Jungen zur Welt brachte, der schwarz wie der Tod war und starb.«

Verführung durch Schokolade

Gern glaubte man in Versailles und anderswo an die erotisierenden Fähigkeiten des galanten Getränks. Am Hof Ludwigs XIII. soll ein Höfling und Gourmet gelebt haben, der sich besonders gut auf die Kunst der Schokoladenzubereitung verstand, die Künste der Verführung allerdings wohl etwas zu gut beherrschte. So hatte er eine Ehrendame kompromittiert, die ihn daraufhin zu einem Tässchen heißer Schokolade einlud. Seine Portion hatte sie allerdings vorher vergiftet. Nachdem ihr Ex-Liebhaber die Tasse geleert hatte, sank er sterbend in ihre Arme. »Die Schokolade wäre besser gewesen, wenn Sie ein wenig mehr Zucker zugefügt hätten; das Gift macht sie so bitter«, sollen seine letzten Worte gewesen sein. Ein stilvoller Abgang, ohne Frage.

Schokolade galt im 18. Jahrhundert bei der feinen Gesellschaft als der absolute Genuss. Sie war Lebenselexier, Stärkungsmittel und Instrument der Verführung. Kupferstich um 1750 von Martin Engelbrecht.

Speise der Götter

Die Unklarheiten über die medizinischen Vor- und Nachteile der Schokolade wurden im März 1684 schlagartig beseitigt, als ein Pariser Arzt namens Joseph Bachot seine Doktorarbeit zu diesem Thema vorlegte und zu dem Urteil kam: »Schokolade ist eine so edle Erfindung, dass sie, und nicht Nektar oder Ambrosia, die Speise der Götter sein sollte.« Wahrscheinlich war dem großen schwedischen Naturforscher Carl von Linné diese These bekannt, als er der Kakaopflanze den lateinischen Gattungsnamen *Theobroma cacao* (Speise der Götter) verlieh.

Der Kakao wird bürgerlich

An die deutschen Fürstenhöfe kam das neue Wundergetränk durch den Nürnberger Gelehrten Georg Volckamer. Er lernte die Schokolade 1641 auf einer Bildungsreise nach Neapel kennen und beschloss, sie in Deutschland bekannt zu machen, das zur damaligen Zeit noch unter den verheerenden Folgen des Dreißigjährigen Krieges litt. Die Begeisterung wuchs rasch. Das Bürgertum, das seinerseits gern den Adel imitierte, nahm Schokolade als Schlaftrunk zu sich. Preußenkönig Friedrich II., der selber liebend gern Kakao trank, versuchte dessen Konsum bei den Untertanen durch zwei Taler teure Erlaubnisscheine einzudämmen, denn für die ohnehin Not leidende Bevölkerung »sey das Getränk nicht erschwinglich«. Das hatte jedoch zur Folge, dass gepanscht und geschmuggelt wurde und die Chemiker wie schon beim Kaffee nach billigen Ersatzstoffen suchten. Mit gerösteten und gemahlenen Lindensamen ließ sich das edle Original allerdings nicht wirklich ersetzen. Der Glaube an die potenzfördernde Wirkung der Scho-

Oben: Die Herstellung von Schokolade war in früheren Jahrhunderten harte Handarbeit, wie dieser Wiener Kupferstich aus dem Jahr 1775 zeigt.

Links: In den Londoner Schokoladenstuben herrschte ausgelassene Stimmung. In den Etablissements konnte sich die feine Gesellschaft bei Musik und Spiel freizügig vergnügen. William Hogarth nimmt auf diesem Kupferstich aus seinem satirischen Zyklus »Das Leben des Wüstlings« (1735) die noble Gesellschaft in der legendären Schokoladenstube »White's« aufs Korn.

kolade wurde auch von deutschen Ärzten am Leben erhalten. So schrieb der Physikus Christoph Hellwig anno 1711: »Man suchte Stärkung zu gewissen Pflichten durch die Schokolade, der man manche jetzige Existenz diesen oder jenen winzigen Geschöpfleins zuschreibt« – süßes Rokoko. Spätestens mit dem Umzug des Habsburger Herrschers Kaiser Karl VI. von Madrid an die Donau wurde auch Wien vom Schokoladenfieber erfasst. Nach dem Frieden von 1815, der die Niederlage Napoleons besiegelte, sanken die von dessen Kontinentalsperre in die Höhe getriebenen Kakaopreise endlich wieder. Jetzt begann eine wahre Schokoladenrenaissance. Kein Geringerer als Weimars Dichterfürst Johann Wolfgang von Goethe etwa liebte das Modegetränk über alles, während er gleichzeitig den »bürgerlichen« Kaffee verachtete.

England im Schokoladenfieber

In England trat die Schokolade aus Westindien fast zur gleichen Zeit auf den Plan wie der Tee aus Asien und der Kaffee aus Afrika. Wenige Jahre nachdem Oliver Cromwell die Insel Jamaika erobert hatte, kamen die ersten Säcke Kakaobohnen auch in englischen Häfen an. Schon 1659 lobte eine Wochenzeitung namens *Needham's Mercurius Politicus* die Schokolade als »vorzügliches westindisches Getränk«, das den Körper heile und vor vielen Krankheiten bewahre. Im Inselreich des 17. Jahrhunderts, einem Land privater Geschäftsleute und fleißiger Kleinhändler, war der Kakao allen zugänglich, während er im französischen *ancien régime* zunächst nur dem Hochadel vorbehalten war. Im Londoner Kaffeehaus »Coffee Mill and Tobacco Roll« servierte man die Neuheit aus Westindien zum ersten Mal als Bestandteil eines Schokoladenkuchens. Die eleganteste Adresse war damals zweifellos das »White's« in der St. James's Street. Hier wurde der erste Fanclub für das neue Getränk gegründet. Er hieß »Cocoa Tree«.

Die Schokoholics von damals kannten keine Tabus: Sie mixten den braunen Trunk mit Milch oder Eiern, Wein und Brandy. Für die Engländer bedeutete die Schokolade eine Extravaganz, die in der zweiten Hälfte des 17. Jahrhunderts zunächst nur in kleinen Zirkeln gepflegt wurde. Während die *coffee houses* sich zu vitalen Zentren des bürgerlichen Aufschwungs entwickelten, blieb das Schokoladetrinken zunächst ein Hobby adliger Müßiggänger.

Ein Hauch von Halbwelt wehte durch die Schokoladenstuben, in denen man eher dem *dolce vita* zuneigte als anstrengenden politischen Debatten, wie sie in den Kaffeestuben üblich waren. Und nicht alle Damen, die hier einkehrten, konnte man wirklich als solche bezeichnen …

Das spanische Kakaomonopol war um 1728 de facto zerstört. Schmuggler hatten es schon vorher mehr oder minder erfolgreich unterlaufen. Ganze Schiffsladungen Kakaobohnen wurden dabei ins Meer gekippt, weil die Freibeuter damit nichts anfangen konnten. Den Holländern gelang es, die Küste Venezuelas zu kontrollieren, das sich zum Haupterzeugerland entwickelt hatte. Zusammen mit den Briten verdrängten sie die Spanier aus dem lukrativen Geschäft.

Auch in Amsterdam und Den Haag, in Gent und Brügge war die Schokolade begehrt, aber nach wie vor teuer, weil ihre Herstellung aufwändig war. Auf der Grand' Place von Brüssel machte der Züricher Bürgermeister Heinrich Escher anno 1697 Bekanntschaft mit dem Göttergetränk. Der Mann war von dessen Geschmack derartig hingerissen, dass er sofort beschloss, diese Köstlichkeit auch in die Eidgenossenschaft zu importieren. 150 Jahre später, als die bürgerliche Klasse in Europa bereits auf breiter Front gesiegt hat, ging mit der Adelsherrschaft auch die Epoche des aristokratischen Modegetränks zu Ende. Männer tranken keine Schokolade mehr, nur noch Frauen und Kinder. »Was einmal Macht und Glanz repräsentierte, ist jetzt Sache derjenigen, die in der bürgerlichen Gesellschaft von Macht und Verantwortung ausgeschlossen sind«, urteilt der deutsche Genussmittelforscher Wolfgang Schivelbusch.

Mit seinem Gemälde »Das Schokoladenmädchen« (1743) setzte Jean-Etienne Liotard der Wiener Kammerzofe Nandl Baldauf ein Denkmal.

Von der Tasse zur Tafel

Dafür begann der unaufhaltsame Siegeszug der »festen« Schokolade. Die industrielle Revolution erleichterte die Herstellung der begehrten Delikatesse und machte sie schließlich auch weniger betuchten Schichten zugänglich. Die Preise sanken, während die Qualität stieg.

Eine bedeutende Erfindung, die Schokolade bekömmlicher machte, gelang dem Niederländer Coenraad J. Van Houten. Er entwickelte eine Presse, die der Kakaomasse den größten Teil ihres wertvollen Öls, die so genannte Kakaobutter entzog; aus dem Rest stellte er Kakaopulver her, aus dem sich nun der morgendliche Kakao viel einfacher zubereiten ließ als früher. Fortan führten die Niederlande in der Kakaoproduktion.

Zur gleichen Zeit begann in der Schweiz, die mangels Kolonien den Kakao teuer importieren musste, die Ära der Milchschokolade. François-Louis Cailler begründete 1819 die industrielle Fertigung. 1875 schließlich gelang es dem Berner Daniel Peter erstmals, Milchschokolade in Tafelform herzustellen. Nun dauerte es nicht mehr lange, bis sich die Schokoladentafel einen festen Platz im täglichen Leben der westlichen Welt erobern konnte.

Schokolade made in USA

In Nordamerika hörte man von Schokolade erst in der Mitte des 18. Jahrhunderts. Die erste Fabrik dort wurde wohl um 1765 von James Baker und John Hannon in Massachusetts gegründet. 15 Jahre später legte Bakers Enkel Walter den Grundstein zur Walter Baker Company, seit damals ein Markenzeichen für amerikanische Schokolade. Der aus Italien stammende Domenico Ghirardelli versorgte die Goldwäscher in Kalifornien mit Lebensmitteln. Seine Schokoladenfabrik verarbeitete ab 1885 jährlich etwa 200 Tonnen Kakaobohnen.

Die bis heute bekannteste US-Marke ist allerdings die von Milton Hershey. Der weitsichtige Firmengründer ließ für seine Arbeiter gleich eine ganze Stadt mit Schulen, Kirchen, Parks und einem Zoo bauen. Als es Hersheys Ingenieuren gelang, den Schmelzpunkt der festen Schokolade so zu erhöhen, dass die US-Soldaten sie im Ersten Weltkrieg sogar im Sommer als Marschverpflegung im Tornister mitnehmen konnten, war ein weiterer Meilenstein in der Geschichte der Schokolade erreicht.

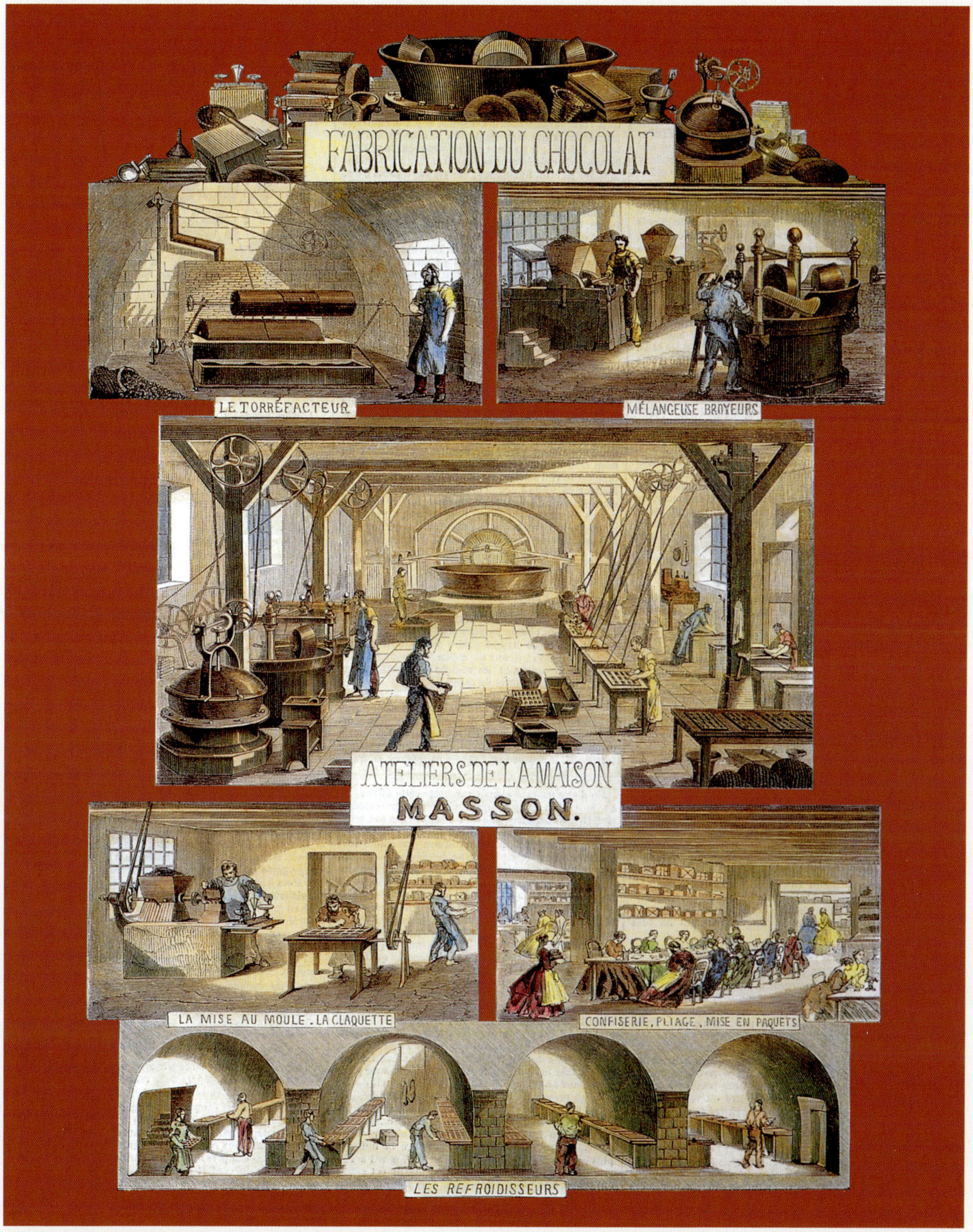

Im anbrechenden Industriezeitalter erleichterten Maschinen auch die Arbeitsgänge in der Schokoladenfabrikation. Hier die französische Manufaktur Masson.

Meilensteine in der Geschichte der Schokolade

Gründer und Erfinder

1728: Erste Schokoladenfabrik Europas

In England geht die erste Schokoladenfabrik in Betrieb.

1756: Erste deutsche Schokoladenmanufaktur

In Steinhude bei Hannover wird auf Geheiß des Fürsten Wilhelm von Schaumburg-Lippe die erste deutsche Schokoladenmanufaktur gegründet – mit portugiesischen Facharbeitern (!).

1765: Die Schokolade kommt in den USA an

James Baker und John Hannon gründen in Dorchester, Massachusetts, die erste Schokoladenfabrik der USA. Daraus entsteht 1780 die Walter Baker Company. Die Kakaobohnen werden mit Wasserkraft gemahlen.

1778: Eine Maschine erleichtert die Kakaoproduktion

Der französische Ingenieur Doret erfindet die erste hydraulische Maschine, die Kakaomasse zerkleinert und mit Zucker vermischt.

1780: Dampfmaschinen mahlen Kakao

In Bayonne wird die erste französische Schokoladenmanufaktur mit Dampfmaschinen zum Mahlen der Kakaobohnen ausgerüstet.

1796: Erstes europäisches Schokoladengeschäft

In Bologna eröffnet der Chocolatier Majani das erste Schokoladengeschäft Europas.

1819: Schweizer Schokolade

François-Louis Cailler eröffnet die erste Schweizer Schokoladenfabrik in Corsier bei Vevey.

1824: Ein Geschäft für Schokolade

John Cadbury eröffnet sein Geschäft in Birmingham; schon sieben Jahre später beginnt er, seine Schokolade selbst herzustellen.

1825: Suchards erstes Schokoladenwerk

Der Schweizer Philippe Suchard eröffnet eine Chocolaterie in Neuchâtel, danach eine Fabrik in Serrières.

1828: Geburtsjahr des Kakaopulvers

Coenraad J. Van Houten erfindet eine Presse, die der Kakaomasse den Großteil der Kakaobutter entzieht. So gelingt dem cleveren Niederländer erstmals die Herstellung von Kakaopulver.

1830: Schokolade mit Nüssen

Der Schweizer Carl-Amadeus Kohler bringt als erster Schokolade mit Haselnüssen auf den Markt.

1831: »Kreazone-Schokolade«

Der Schweizer Daniel Josty schenkt in seinem Berliner Café die »Königl. Preuss. patentierte Kreazone-Schokolade« aus. Sie besteht aus Caracas-Kakao, Fleischextrakt (!) und Zucker.

1832: Sachertorte

Der Wiener Franz Sacher erfindet die heute noch weltberühmte Sachertorte mit Schokoladenüberzug.

1847: Erste Schokoladentafel

Die englische Firma Fry & Sons entwickelt eine Methode, in Formen gießbare Schokolade herzustellen. Die Schokoladentafel ist geboren.

1856: Schokolade für Goldsucher

Die Ghirardelli Californian Chocolate Manufactory nimmt mitten im kalifornischen Goldrausch in San Francisco ihre Produktion auf.

1870: Erste Chocolaterie in Belgien

Charles Neuhaus gründet mit Léopold Bieswal eine Chocolaterie in Brüssel, die 1883 den Namen Côte d'Or erhält.

1870: Gefüllte Kekse aus Holland

Die Antwerpener Firma De Beukelaer beginnt damit, Kekse mit Schokolade zu füllen.

1870: Erfindung des Schokoriegels

Fry kreiert den ersten gefüllten Schokoriegel.

1875: Geburt der Milchschokolade

Der Berner Daniel Peter erfindet nach acht Jahren geduldiger Versuche die Milchschokolade. Er stützt sich dabei auf die Erfindung des Milchpulvers durch seinen Landsmann Henri Nestlé.

1879: Die Conchiermaschine

Der Schweizer Rudolphe Lindt entwickelt das maschinelle Conchieren, das die Kakaomasse weich und geschmeidig macht. Nun kann die Fondant-Schokolade auf der Zunge schmelzen.

1901: Milka kommt auf den Markt

Suchard präsentiert die Milchschokolade »Milka« mit Alpenmilch bereits in der lilafarbenen Verpackung.

1905: Schokostadt Hershey

Der Amerikaner Milton Hershey gründet die spätere »Schokoladenstadt« Hershey in Pennsylvania, wo die bis heute bekannteste US-Schokoladenmarke hergestellt wird. Für seine Arbeiter lässt er eine Stadt errichten, in der selbst die Straßen nach Schokolade benannt sind. Es gelingt Hershey, den Schmelzpunkt von Schokolade so zu erhöhen, dass sie auch bei sommerlichen Temperaturen nicht schmilzt.

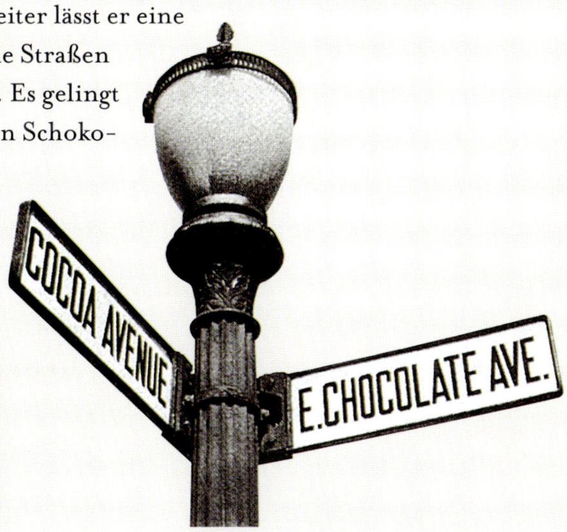

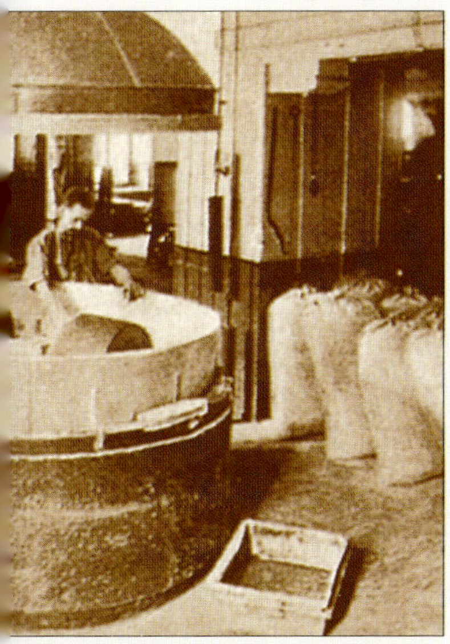

1908: Jean Toblers Toblerone

Der Schweizer Jean Tobler erfindet die Toblerone, eine Schokolade mit Mandelsplittern und Honig. Ihre unverkennbare dreieckige Riegelform ist bis heute Teil ihres großen Erfolgs. Die Marke verbindet den Namen Tobler mit dem italienischen Wort »torrone« für weißes Nougat.

1911: Der Marsriegel

Frank Mars erfindet den nach ihm benannten Schoko-Karamell-Riegel, der von seinem Sohn 1932 in die heute bekannte Form gebracht wird.

1922: »Baci« aus Perugia

Giovanni Buitoni entwickelt die »Baci« für die Firma Perugina im italienischen Perugia.

1912: Brüsseler Pralinés

Jean Neuhaus stellt in Brüssel gefüllte Schokolade vor, das Praliné, drei Jahre später schon eine kleine Kollektion, das »Ballotin«.

1923: Milky Way

Der gefüllte Schokoriegel »Milky Way« wird von Mars auf den Markt gebracht, Vorbild aller späteren Schulpausenfüller.

1925: Schokoladenkonfitüre

Der belgische Schokoladenhersteller Charles Callebaut bietet Schokoladenkonfitüre in flüssiger Form an. Er beliefert heute fast alle Pralinenmacher Belgiens.

CHOCOLAT
CHOCOLAT Suchard NAPOLITAINS

Die Suchard Milka Erfolgsstory

Die glückliche Verbindung von Kakao und Zucker war ein erster Meilenstein auf dem langen Weg der Schokolade vom bitteren Aztekentrunk zum süßen Kindertraum, vom teuren Privileg der Oberschicht zum kleinen Alltagstrost für jedermann.

Aber erst im 19. Jahrhundert gelang der zweite Geniestreich: Die Schweizer erfanden die Milchschokolade. Die zart schmelzenden Tafeln mit dem sahnigen Geschmack echter Kuhmilch sollten fortan ganze Generationen von Kindern (und Erwachsenen) erst in Europa, später auf der ganzen Welt verzücken.

Vom süßen Morgengetränk zur Schokotafel

Vor 150 Jahren wurde die heiße Trinkschokolade auf dem Frühstückstisch der Familien zunehmend von Tee und Kaffee verdrängt. Morgens vor dem Start ins Arbeitsleben brauchte man Wachmacher, Kakao beruhigte nur die Nerven. Die Herstellung von Schokolade in Tafelform und allerlei raffiniertem Naschwerk füllte aber rasch die drohende Absatzlücke. Die industrielle Revolution erfasste auch die Welt der Schokolade.

Oben: Historische Kakaodosen aus dem Hause Suchard.

Rechts: In der Berner Zuckerbäckerei seines Bruders Frédéric erlernte Philippe Suchard (Mitte) das Handwerk des Konditors.

Pioniere der Schokoproduktion

Mit der Erfindung der Milchschokolade begann eine unglaubliche Erfolgsgeschichte, die bis zum heutigen Tag eng mit dem Namen Suchard verbunden ist. Natürlich hatte die Schweizer Schokolade viele Väter: Sie hießen Cailler, Kohler, Peter, Suchard, Tobler, Lindt und Nestlé. Es waren regelrechte Wirtschaftspioniere, die ihre Naschimperien fast aus dem Nichts aufbauten und die Schweiz bis zur Jahrhundertwende zur Nummer 1 in Sachen Schokolade machten. François-Louis Cailler hatte sein Handwerk bei den *cioccolatieri* in Italien gelernt, bevor er 1819 seine erste eigene Fabrik bei Vevey am Genfer See gründete. Wasserkraft trieb seine kleine Mühle an, die Kakaobohnen und Zucker zerkleinerte. Er hatte Erfolg mit der »reinen Schwarzen« und seiner einfachen »Zuckerschokolade«, die er mit Vanille und Zimt verfeinerte. Carl-Amadeus Kohler mengte als erster gehackte Haselnüsse unter die Kakaomasse.

Mit dem Milchpulver kam der Durchbruch

Die Erfindung des Kakaopulvers durch den Holländer Van Houten hatte bereits die Kakaoverarbeitung revolutioniert. Aber wie konnte man die Schokolade mit der Milch verbinden und sie trotzdem in feste und vor allem in haltbare Form bringen? Das war die große Frage, an der sich die Erfinder damals die Zähne ausbissen. Besonders hartnäckig, acht lange Jahre, bemühte sich der Schweizer Daniel Peter, François-Louis Caillers Schwiegersohn, darum, dieses Rätsel zu lösen. Nach der Erfindung des Milchpulvers durch seinen Partner Henri Nestlé war es dann nur noch ein kleiner Schritt. 1875 hatte Peter die Formel für die Milchschokolade gefunden. Andere Schokoladenhersteller folgten seinem viel versprechenden Beispiel.

Philippe Suchard

Doch der Weltruhm der Schweizer Schokolade ist vor allem einem Mann zu danken, dessen Leben sich heute wie eine Legende liest, eine weitere Version der Story vom typischen Selfmademan: Philippe Suchard.

Das Fabrikgebäude in Serrières.
Im Vordergrund sieht man, wie Kakaobohnen entladen werden.

Und wie immer beginnt die Geschichte mit einer Anekdote: Sie schildert die erste Begegnung des damals zwölfjährigen Buben Philippe mit der Schokolade. Als alter Mann erinnerte er sich: »Man schickte mich zum Apotheker nach Neuenburg (Neuchâtel), um auf ärztliche Verordnung für meine kranke Mutter ein Pfund Schokolade zu holen. Der Preis war gesalzen: sechs Franken! Auf dem Heimweg malte ich mir aus, wenn ich einmal selbst Schokolade herstellen könnte, Himmel, welche Reichtümer würden mir da erblühen!« Dieser Gedanke ließ ihn nicht mehr los. Mit 18 ging Suchard zu seinem Bruder Frédéric nach Bern, bei dem er das Handwerk des Konditors erlernte. Nach acht Jahren machte er sich selbstständig und gründete 1826 eine kleine Schokoladenmanufaktur in Serrières bei Neuchâtel, in einer einstigen Wassermühle. Statt Getreide wurden dort jetzt Kakaobohnen gemahlen und mühselig zu Schokolade geknetet. Mit wenigen Arbeitern erzeugte der Pionier etwa 30 Kilogramm täglich. Auch die Familie musste mit anpacken. Die besondere Qualität der Suchard-Schokolade sprach sich schnell herum.

Bildnis des Firmengründers Philippe Suchard (1797–1884).

Mit Medaillen ausgezeichnet

Schon wenig später exportierte Suchard seine süßen Tafeln in alle Länder Europas und heimste bei den Weltausstellungen von London 1851 und Paris 1855 Goldmedaillen ein. Suchard-Schokolade war in aller Munde, Auslandsniederlassungen wurden gegründet. Ab 1855 wurde Philippe Suchard junior Teilhaber am väterlichen Betrieb. Bis zu seinem frühen Tod mit 49 Jahren

1881 kaufte Carl Russ-Suchard eine ehemalige Seidenbandweberei im badischen Lörrach. In diesem Gebäude nahm das Unternehmen zu Beginn des Jahres 1882 die Produktion auf.

Oben links: Reklame im Stil ihrer Zeit – die Mädchen repräsentieren die Produktpalette des Hauses Suchard Anfang des 20. Jahrhunderts: Kakaopulver, Noisettine, Velma, Milka.

Oben rechts: Da man bei Schokolade die einzelnen Bestandteile nicht mit bloßem Auge erkennen kann, haben viele Hersteller den teuren Kakao mit Mehl, Sago oder Kartoffelstärke gestreckt. Suchard hingegen legte auf die Reinheit höchsten Wert.

steigerte er den Absatz der inzwischen weltberühmten Suchard-Schokolade. In Lörrach am Hochrhein, auf deutschem Ufer, wurde eine ehemalige Seidenbandweberei zu einer Schokoladenfabrik umgebaut. Sie sollte sich zu einer tragenden Säule des Unternehmens entwickeln. Ab dem 1. Januar 1882 wurde hier produziert (siehe auch Kapitel 4, Seite 52 ff. – Von der Rohkakao zur Schokotafel).

Neue Produktionsweisen

Die Familie Suchard war nicht nur mit ihren strengen Hygienevorschriften und dem strikten Reinheitsgebot ihrer Zeit voraus. Auch die sozialen Belange der Arbeiter wurden in für die Gründerzeit vorbildlicher Weise beachtet. Erschwingliche Mietwohnungen, Sicherungen im Krankheitsfall und Altersvorsorge bot das Familienunternehmen seinen Arbeitern. Als Philippe Suchard senior anno 1884 starb, stand sein Schwiegersohn Carl Russ-Suchard allein an der Spitze eines Imperiums. Die Umsätze erreichten bereits Höhen, die sich der Firmengründer nie hätte träumen lassen.

Alles änderte sich, auch die Ansprüche der Kundschaft wuchsen. Technische Neuerungen machten es möglich, das Suchard-Sortiment zu vergrößern und zu verfeinern und dabei preiswerter zu produzieren. Mithilfe patentierter Rührwerke, auch bekannt als Suchard-Conchen, gelang es 1902, die Bestandteile der Schokoladenmasse immer inniger miteinander zu verschmelzen, geschmeidiger und aromatischer zu machen.

Für immer vorbei war nun die Zeit der harten Schokoladenblöcke. Mit der Conchiermaschine begann die Ära der Schmelzschokolade, die so leicht auf der Zunge zerging wie Sahneeis. MILKA, VELMA und NOISETTINE hießen im Hause Suchard die Glücksbringer der neuen Schokogeneration.

Die Erfindung der Milchschokolade lag zwar schon fast 40 Jahre zurück, aber vollendet wurde sie erst jetzt – mit »Suchard's Milka Alpenmilch-Schokolade« – die 100-Gramm-Tafel bereits in der unverwechselbaren lilafarbenen Verpackung.

Unten: Die Außendienstmitarbeiter mit dem Inhaber der Suchard-Werke, Carl Russ-Suchard (erste Reihe, Vierter von links).

Beginn einer Erfolgsstory

Das Jahr 1901 war das Geburtsjahr der erfolgreichsten Schokolade der Welt. Die neuartige Spezialität vereint bis heute in ihrem Namen ihre beiden Hauptbestandteile: MILch und KAkao. Und ihre Erfinder schienen den Erfolg der Marke zu ahnen: Sie ließen sie in die Warenzeichenrolle des Kaiserlichen Patentamtes in Berlin eintragen. Und das Publikum war hingerissen – von Berlin bis Moskau, von Zürich bis New York, überall verstand man gleich, was mit dem Namen gemeint war – Milka musste man nicht übersetzen. Allein in Lörrach wurde 1913 18-mal mehr Schokolade produziert als im Gründungsjahr: die Produktionsmenge stieg von 160 auf 2900 Tonnen jährlich. Nach dem Inflationsjahr 1923 und der bald folgenden Weltwirtschaftskrise (1928–1932) drohte dem Unternehmen mehrfach die Schließung. Die Nationalsozialisten kontingentierten Zucker und Kakao, um Devisen zu sparen. Auch für die neutrale Schweiz wurde es immer schwieriger, den Rohstoff Kakao zu beschaffen. Doch nach dem Zweiten Weltkrieg ging es auch in Lörach wieder bergauf mit dem Unternehmen Suchard. Und in den frühen Fünfzigerjahren entschied man sich, künftig Verkauf und Werbung voll auf die Marke Milka zu konzentrieren.

Ein Genussmittel für jedermann

Es gab viel zu tun. Das deutsche Wirtschaftswunder war nicht umsonst begleitet von einem enormen Hunger auf Süßes – auf Sahnetorten, Kekse, Pralinen und süße Schokolade. Sie war nun endgültig kein unerschwinglicher Luxusartikel mehr, sondern ein Genussmittel für alle. Handelsketten und Supermärkte verlangten nach modernen Verkaufsmethoden. Es galt, die Schweizer Spitzenposition in Sachen Milchschokolade im internationale Wettbewerb zu verteidigen.

Ein Riecher für Reklame

Das Unternehmen Suchard hatte schon im 19. Jahrhundert erkannt, wie wichtig eine intensive Werbung ist, die neue Wege geht und das eigene Produkt nicht nur in seiner Qualität einmalig macht, sondern auch im

Die gesunde Luft der Schweizer Bergwelt und das beschauliche Leben der Bauern fernab der turbulenten Großstädte waren im 19. Jahrhundert der Inbegriff unverfälschter Natur. Ein Bild, das sich auch in der Schokoladenreklame wieder findet.

Bewusstsein der Verbraucher als feste Größe verankert. Philippe Suchard ließ deshalb als erster Schokoladenfabrikant sein Markenzeichen von Gesetz wegen schützen. Schon früh betrieb der weitsichtige Firmengründer auch eine eigene Druckwarenindustrie, die mit Plakaten, Emailleschildern, Postkarten und Kalendern Reklame machte. Künstler entwarfen stimmungsvolle Bilder, die Appetit auf Schokolade machen sollten, und sie gleichzeitig eng mit einer gewissen »Heile Welt«-Idee von der Schweiz verbinden sollte.

Ein Name, eine Farbe, eine Kuh

Kaum eine Werbekampagne war je so erfolg-, weil einfallsreich wie die vor über hundert Jahren begonnene Reklame für die Marke Milka. Drei Elemente kamen hier auf kongeniale Weise zusammen: Der eingängige Name, die Farbe Lila und die Alpenkuh. Sie zusammen prägten und prägen für Generationen die Vorstellung von Milchschokolde.

Wie bekannt Milka dadurch geworden ist, beweist das Ergebnis einer Malaktion, die im Jahr 1995 an bayerischen Schulen durchgeführt wurde. 40 000 Kinder beteiligten sich daran. Jedes dritte Kind malte damals die Kuh auf dem Bauernhofposter lila aus. Viele wollten darin ein bedenkliches Beispiel für die Macht der Werbung im Klassenzimmer erkennen. Vielleicht fanden die Kids die lila Kuh aber nur einfach lustiger als das braunweiß gefleckte Original – und gewiss dachten sie beim Ausmalen schon an die nächste Tafel Schokolade.

Die Farbe Lila

Seit 1901 ist die Farbe Lila mit der Weltmarke aus dem Hause Suchard untrennbar verbunden. Mit den Jahren wurde sie zu einer einprägsamen Erkennungshilfe, denn Farben nimmt das Auge früher wahr als Text. Gerade weil Lila in der Natur wenig vorkommt, irritiert die Farbe in Verbindung mit einem Lebensmittel.

Zweite Säule der Werbestrategie ist die Kuh. Seit ihrem ersten Erscheinen auf der Schokoladenverpackung verschmolzen die Marke Milka und die Kuh immer stärker miteinander.

Die lila Schokotafel von ihrer ersten Ausfertigung bis heute: Während auf dem ersten Wickler von 1901 noch der Firmenname dominiert, hat sich 1922 bereits der Markenname Milka durchgesetzt. In den Fünfzigerjahren war die Kuh noch in menschlicher Begleitung, während sie heute allein zu sehen ist.

Die Firma Suchard hat immer wieder versucht, auch mit anderen Tieren für Schokolade zu werben. Doch weder Bernhardiner noch Papagei oder Kamel konnten dem alpenländischen Wiederkäuer den Rang ablaufen.

Zusammen gelten sie als Symbol für hochwertige, reine Schokolade mit gesunder Alpenmilch. Bei vielen Käufern erweckt die Farbe Lila im Supermarktregal heute unbewusst den Gedanken an Milchschokolade – das hat die Werbung erreicht.

Eine einzigartige Design-Story

Doch zurück zu den Ursprüngen der großen Milka Design-Story. Auf den Wicklern (so nennt man im Fachjargon die Verpackung von Schokolade) der 100-Gramm-Tafel, hat der schwungvolle Schriftzug des Markennamens Milka mit der Zeit den Namen der Firma Suchard verdrängt. Und während bis in die Siebzigerjahre des 20. Jahrhunderts noch ein Schweizer Senner neben der Kuh stand, vor weißen Berggipfeln, umgeben von Tannen und Blumen, rückte die Kuh immer mehr in den Vordergrund, wurde weiter stilisiert und dem Zeitgeist angepasst. Heute erscheinen der Markenname und die Kuh auf der linken Hälfte der Tafel, während rechts zusätzliche Zutaten wie Haselnüsse und Ähnliches abgebildet werden.

Keine Frage, die Kuh war immer schon ein großer Sympathieträger, in der Gunst der Kinder wohl nur mit dem Teddybären zu vergleichen. Sie steht für gutmütige Gelassenheit und zufriedenes Wohlbefinden. Nichts Aggressives haftet ihr an, sie erweckt Vertrauen und ist nicht zuletzt als Milchlieferant die passendste Botschafterin für Milchschokolade. Alle Experimente in früheren Anzeigen, bunt schillernde, exotische Papagaien, treuherzig dreinblickende Bernhardiner oder gar ein Kamel im Wüstensand für Milka einzuspannen, wurden bald wieder abgebrochen.

Via Flimmerkiste ins Wohnzimmer

Die Suchard-Werbung setzte ab den Siebzigerjahren immer stärker auf das Medium Fernsehen. Zwischen 1979 und 1981 stieg der gutmütige Wiederkäuer endgültig zur Kultfigur auf. Denn die lila Kuh wanderte jetzt leibhaftig über die Fernsehschirme.
Eine veritable, ausgesucht schöne Kuh aus dem Berner Oberland wurde für die Werbespots mit abbürstbarer lila Farbe besprüht, wie sie Schauspieler zum Färben der

Haare verwenden. In aller Seelenruhe ließen sich die schwergewichtigen Modelle beim Abgrasen der saftigen Almwiesen filmen. Das war ein Meilenstein in der Werbegeschichte. Nachdem Jacobs die Firma Suchard-Tobler 1982 übernommen hatte, wurden das Marketing und der Vertrieb weiter intensiviert. Die Frankfurter Agentur Young & Rubican hatte die lilafarbene Kuh erfunden, der Hamburger Stardesigner Peter Schmidt kümmerte sich fortan um die Verpackung der Marke und um die Design-Pflege des Produkts.

Auf die Frage, was das Besondere an der Milka Verpackung sei, antwortet Schmidt einmal in einem Interview: »Die Farbe, vor allem anderen. Dann erst kommt die Kuhstory, zusammen mit der Alpenstory, den Bauern und alles, was dazugehört. (...) Der Widerspruch zwischen lila Farbe, den Alpen und der Kuh ist eigentlich ganz groß, es ist eigentlich eine ganz absurde Geschichte.« Selbst der Schweizer Opa Peter Steiner (»It's cool, man«) konnte ihr nur für kurze Zeit als rüstiger Rapper die Schau stehlen.

Auch nach der 1991 vollzogenen Übernahme des Unternehmes Jacobs Suchard durch Philip Morris / Kraft General Foods, ist die lila Kuh Milka treu geblieben oder umgekehrt. »Die zarteste Versuchung, seit es Schoko-lade gibt«, wird uns noch lange mit treuen Kuhaugen ansehen.

Die Produktpalette wächst

Im Lauf der Zeit entwickelte sich Milka – in weißer Schrift auf dem lila Wickler – zu einer Dachmarke, die eine Vielzahl von Produkten in einem großen Sortiment vereinigt. Da gibt es Minitäfelchen und frech schmunzelnde Osterhasen, griffige Schokoriegel »Lila Pause«, lockere »Nussini« und kleine Schokoherzen, pausbäckige Weihnachtsmänner und süßen Tannenbaumschmuck. Die daumendick 300-Gramm-Tafel wird vor allem in Flughäfen stapelweise als typisches Schweizer Souvenir gekauft.

Zugpferd – mit einem Markenanteil von rund 30 Prozent – blieb aber die 100-Gramm-Tafel, von der in Lörrach täglich 4 Millionen Stück hergestellt werden. Das kleinste Format wiegt 35 Gramm, das größte 4,5 Kilogramm. Nicht alles wird exportiert, die Eidgenossen selbst sind die größten Süßmäuler. Jeder Schweizer isst im Jahr mehr als 10 Kilogramm Schokolade, das ist Weltrekord!

Die eidgenössische Regierung in Bern hat übrigens den Schokoladenherstellern empfohlen, sich für Krisenzeiten einen Jahresvorrat an Rohstoffen anzulegen. Die Kakaobohnen werden in Lagern, die in den Bergen versteckt sind, aufbewahrt. Auch wenn – Gott sei Dank – kein Krieg in Sicht ist, weiß man ja nie, wie sich die Lage auf dem Kakaomarkt entwickelt, der ähnlich sensibel schwanken kann wie die Preise von Kaffee oder Rohöl. So hat die Schweiz nicht nur Gold und Devisen im Tresor, sondern auch den Stoff, aus dem Kinderträume gemacht werden.

Oben: Die ganze Produktpalette von Milka wurde im Lauf der Zeit auf die Farbe Lila umgestellt, sogar Weihnachtsmänner und Osterhasen.

Unten: Die Quintessenz der Milka Werbestrategie ist eine lebensechte lila Kuh.

Milka Reklame im Wandel der Zeit

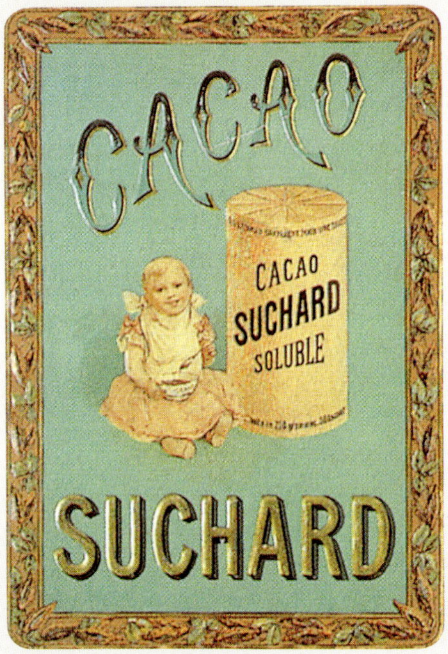

VELMA
Suchard

MILKA
REINE SCHWEIZERMILCH, CACAO UND ZUCKER.
SUCHARD
ALLEINIGER FABRICANT.

MILKA
VELMA
NOISETTINE
DIE BELIEBTEN ESS-CHOCOLADEN
Suchard
ALLEINIGER
FABRIKANT

MILKA
REINE
SCHWEIZER-
MILCH,
CACAO
UND ZUCKER.
SUCHARD

VELMA
SUCHARD
SUCHARD

Vom Kakaobaum *zum* Kakaopulver

Es grenzt schon an ein Wunder, wie aus der unscheinbaren, bitteren Kakaobohne jener Stoff entsteht, der mit unwiderstehlichem Aroma alle verführt, die ihn kosten: Schokolade. Doch es geht alles mit rechten Dingen zu auf der langen Reise vom Baum zur Schokoladentafel. Bis sich der Samen der rohen Kakaofrucht in Kakaomasse verwandelt hat, geht er durch viele fleißige Hände und gewinnt dabei erst die meisten der Qualitäten, die das Geheimnis großer Schokolade bilden.

Ein lichtscheues Tropengewächs

Der Baum auff welchem diese Frucht wächset / ist so zarth / und der Bodem so heiss / dass man andere Bäume / die sie die Mutter des Cacao nennen / umb ihn her pflantzen muss / ihn für die Sonnen-Hitze zu beschirmen…« Diese poetische Schilderung stammt von dem englischen Missionar Thomas Gage, der 1648 in London seine Reiseberichte aus der Neuen Welt veröffentlichte. Er hat gewiss viel dazu beigetragen, dass der Kakao auch im barocken England seiner Zeit populär wurde.

In der Tat ist der lichtscheue Kakaobaum ein typisches Tropengewächs, er mag es schwülheiß und schön schattig. Er gedeiht nur in der fruchtbaren Zone, die sich 15 Grad (rund 1000 Kilometer) nördlich wie südlich des Äquators erstreckt. In der Natur erreichen die Pflanzen etwa zwölf Meter Höhe, auf den Plantagen dürfen die Bäume nicht mehr als sechs bis acht Meter hoch wachsen, damit die Früchte noch gefahrlos geerntet werden können. Der zimtfarbene Stamm mit hellen Flecken wird selten dicker als 30 Zentimeter, doch seine Krone ist ausladend. Den Schutz vor zu viel Sonneneinstrahlung, vor Platzregen und starkem Wind, den die jungen Kakaobäume brauchen, gewähren schnell wachsende Bäume wie Maniok, Banane und Kokospalme – die erwähnten »Kakaomütter« eben.

Der Baum, der den Mayas und Azteken heilig war, gehört zur botanischen Familie der Sterkuliengewächse, ist verwandt mit dem Hibiskus und der Colanuss. Manche Sorten können bis zu 100 Jahre alt werden. Der große schwedische Naturforscher Carl von Linné (1707–1778) hat der Kakaopflanze vor mehr als 200 Jahren die Gattungsbezeichnung »Theobroma cacao L.« gegeben. Eine echte Liebeserklärung des alten Schweden, denn übersetzt heißt das nichts anderes als »Götterspeise Kakao«.

Der schwedische Naturforscher Carl von Linné (1707–1778) gab dem Kakao die Gattungsbezeichnung »Theobroma cacao«, was so viel heißt wie »Speise der Götter, Kakao«.

Wie viele andere Tropengewächse des Regenwalds trägt auch der Kakaobaum während des ganzen Jahres gleichzeitig Blätter, Knospen, Blüten und Früchte. Seine cremeweiß-rötlichen Blüten sind so schön und feingliedrig wie Orchideen. In kleinen Sträußen sitzen sie bei diesem »Stammblütler« dicht am Stamm oder da, wo sich die Hauptäste gabeln.

Die zauberhafte Blüte dauert nur wenige Stunden. Und leider kommt die tropische Fliegenart (Ceratopogonidae), die während dieser kurzen Zeit zur Bestäubung benötigt wird, im Urwald nicht sehr häufig vor. So bringt ein wild wachsender Kakaobaum, obwohl er bis zu 100 000 Blüten treiben kann, nur etwa 30 Früchte hervor. Nur ein Bruchteil (0,1 bis 6 Prozent) der Blüten wird von Fliegen, Mücken und kleinen Ameisen befruchtet. In den Plantagen hilft der Mensch deshalb mit feinen Pinseln nach, um mit künstlicher Bestäubung den Ernteertrag zu verbessern.

Im Treibhaus des Dschungels

Erstaunlich ist, wie schnell aus einer so winzigen Blüte eine stattliche Frucht heranreift. Verantwortlich dafür ist das Tropenklima. 10 bis 14 Tage nach der Befruchtung kann man bereits die jungen Früchte erkennen. In vier bis acht Monaten – die Dauer hängt von Lage, Temperatur und Sorte ab – reifen diese im Treibhaus des Dschungels heran. Manche haben Ähnlichkeit mit Kürbissen, andere sehen mit ihrer höckrigen Schale wie Riesengurken aus. Die Früchte sind zuerst grün, später gelb und verfärben sich je nach Sorte kurz vor der Ernte ins Rötliche, mit einem Stich ins Braune, Orangefarbene oder Gelbe.

Die Ursprünge der Kakaopflanze liegen in Südamerika, genauer gesagt in der Region des Rio Negro im oberen Amazonasgebiet sowie am Oberlauf des Orinoko. Zwanzig kleinwüchsige Wildarten wurden in den Regenwäldern Mittel- und Südamerikas entdeckt.

Links: Auf den Kakaoplantagen in der Neuen Welt verrichteten oftmals schwarze Sklaven die harte Arbeit. So idyllisch, wie auf diesem Gemälde des französischen Malers Le Masurier aus dem Jahr 1775 ging es dort in Wahrheit selten zu.

Unten: Die Kakaopflanze bildet winzige, zarte Blüten mit rosaroten Kelch- und gelblich weißen bis rötlichen Blütenblättern.

Die Spanier fanden bereits im 16. Jahrhundert in Mexiko eine kultivierte Art vor. Seither haben die Menschen den Kakaobaum in fast allen tropischen Gebieten verbreitet. Überall dort, wo der Baum günstige Lebensbedingungen vorfand, nämlich ein feuchtes Klima (mindestens 80 Prozent Luftfeuchtigkeit) und eine mittlere Jahrestemperatur von 25 bis 28 Grad Celsius, entstanden Plantagen. Wenn es nachts kälter als 13 Grad wird, können die empfindlichen Pflanzen schon Schaden nehmen. Um ideal zu wachsen, braucht der Kakaobaum Niederschläge von 1500 bis 2000 Millimetern pro Quadratmeter im Jahr und die »Kakaomütter« schützen den Boden vor Auswaschung.

Erst im vierten Jahr seines Plantagenlebens trägt der Kakaobaum Früchte, liefert etwa 300 Gramm »braunes Gold«. Zwischen dem zehnten und dem vierzigsten Baumjahr liegen die besten Ernten, danach nehmen die Erträge jedes Jahr weiter ab. Obwohl es in manchen Gegenden zwar noch kleinbäuerliche Kakaopflanzungen gibt, dominieren die großen Plantagen. Der brasilianische Erzähler Jorge Amado schilderte in seinem ersten Roman, *Im Süden,* den Alltag auf einer Kakaoplantage in den Dreißigerjahren des 20. Jahrhunderts. »Wir waren mit vielen Leuten auf der riesigen Pflanzung. Das Laub der Kakaobäume bedeckte den Boden, auf dem sich nach langen Regentagen die Schlangen sonnten. Wie altmodische Lampen hingen die gelben Früchte an den Bäumen. Ein wundervolles Farbengemisch verschönte alles und ließ es unwirklich erscheinen, nur die schwere Arbeit blieb. Schon früh um sieben waren wir da und schlugen Kakaofrüchte ab, nachdem wir unsere Kaiman-Buschmesser vor der Tür des Ladens geschärft hatten. Ein Schluck Schnaps und ein Teller Bohnen um fünf Uhr morgens gaben uns die Kraft für die Arbeit des ganzen Tages ...«

Für die Arbeiter hat sich das Leben seit damals nur wenig verändert, sie gehören noch immer zu den Ärmsten der Bevölkerung. Die Sklaverei war noch bis weit ins 20. Jahrhundert verbreitet, Kinderarbeit gibt es noch heute.

Um die jungen Kakaopflanzen vor der sengenden Sonne und plötzlichen tropischen Regenschauern zu schützen, bringen die Plantagenarbeiter Baldachine über den Beeten an.

Die wichtigsten Anbaugebiete sind Westafrika, Süd- und Mittelamerika und das tropische Südostasien. Brasilien, Ecuador, Kolumbien und Mexiko sowie die Dominikanische Republik sind die wichtigsten Anbauländer Süd- und Mittelamerikas. Im 19. Jahrhundert lieferte diese Gegend der Welt 60 Prozent des Rohkakaos, heute dagegen nur noch etwa 13 Prozent. Die westafrikanische Elfenbeinküste steht uneinholbar an der Spitze, sie deckt über 40 Prozent der Weltproduktion, Ghana folgt an zweiter Stelle vor Brasilien. Seit dem Zweiten Weltkrieg hat auch Asien als Produzent an Bedeutung gewonnen. Indonesien und Malaysia sind die größten Erzeuger. Aus Java, Sumatra und Samoa kommen hochwertige Kakaobohnen. Sogar auf Hawaii wächst ein erlesener Spitzenkakao.

Criollo, Forastero und Trinitario

Die Ansprüche, die diese Pflanze an den Boden stellt, sind nicht bescheiden. Er muss reich an organischen Stoffen und tief sein. Je nach Standort bildet der Baum entweder flache oder tiefgründige Pfahlwurzeln. Wie der Weinstock entwickeln die verschiedenen Zuchtformen ganz spezielle Eigenschaften, die sich aus der Beschaffenheit des Bodens, der Lage und des Klimas ergeben. Wie bei Tee und Kaffee produzieren die Hochlagen zwar weniger Masse, aber dafür eine erlesenere Qualität.

Heute werden vornehmlich drei Kakaosorten angebaut. Sie heißen Criollo, Forastero und Trinitario. Als edelste Sorte gilt Criollo. Sie wächst vor allem in Ecuador und Venezuela und wird für besonders hochwertige, dunkle Schokoladen verwendet, weil sie ein zartes Aroma entfaltet. Doch die Criollo-Pflanze reagiert empfindlich auf Temperaturschwankungen, ihr Anbau bedarf intensiver Pflege und ihr Ertrag ist gering. Deshalb liefert diese Sorte nur einen Anteil von fünf bis zehn Prozent des weltweit erzeugten Kakaos.

Die reichste Ausbeute bringt die widerstandsfähige Forastero-Bohne. Sie wächst in Westafrika und ist vergleichbar mit der afrikanischen Kaffeesorte Robusta. Forastero hat ein herbes Aroma und macht heute etwa 70 Prozent der weltweiten Kakaokultur aus.

Trinitario, eine Kreuzung der beiden Sorten, vereint die Robustheit von Forastero mit dem zarten Aroma der Criollo-Bohne. Man holte sie von Venezuela nach Trinidad, wo sie erfolgreich angepflanzt wurde. Sie liefert derzeit etwa 20 Prozent des Rohkakaos.

Handarbeit wie vor 1000 Jahren

Obwohl die Kakaofrüchte in den Tropen das ganze Jahr über reifen, wird 80 Prozent des Kakaos in den trockeneren Monaten Oktober bis März geerntet, 20 bis 50 Früchte pro Baum.

Links: Da der Kakaobaum eine empfindliche und anspruchsvolle Pflanze ist, gehen die Gärtner auf den Plantagen sehr sorgfältig mit den Jungpflanzen um. Mitte: Der Kakaobaum ist ein so genannter Stammblütler, d.h., seine zarten Blüten wachsen direkt aus dem Stamm und aus den dicken Ästen. Rechts: Um den Ertrag zu erhöhen, wird auf der Plantage bei der Befruchtung der Blüten nachgeholfen.

Die beiden ursprünglichen Kakaosorten kann man anhand der Form ihrer Früchte unterscheiden: Criollo (links) und Forastero (rechts).

Das Zeitalter der Hochtechnologie ist bis heute fast spurlos an den Kakaoplantagen vorbeigezogen. Die Ernte ist hier immer noch wie zu Zeiten der Entdecker Handarbeit. Sind die Früchte reif (links unten), werden sie mit der Machete (Mitte unten) oder mit einem an einer Bambusstange befestigten Messer (links oben) abgeschnitten. Dann schneiden die Plantagenarbeiter sie vorsichtig durch (rechts unten) und lösen die Samen aus der Schale (oben links und rechts).

Bei den Mayas und Azteken war die Ernte der Kakaofrucht eine religiöse Kulthandlung. Heute ist die Ernte kein Fest mehr, sondern eine Aktion, die zur rechten Zeit mit großer Präzision und Sorgfalt ablaufen muss. Handarbeit wie vor 1000 Jahren: In Bodennähe werden die Früchte mit Macheten abgeschnitten. Die weiter oben sitzenden Früchte lösen die Pflücker mit an langen Bambusstangen befestigten Messern vom Stamm. Danach müssen die Schnittstellen versiegelt werden, damit keine Schädlinge eindringen und sich dort später wieder neue Blüten bilden können.

Tropische Beere

Die Kakaofrucht ist botanisch genau genommen eine Beere, bis zu zehn Zentimeter dick, oval bis länglich geformt und 15 bis 25 Zentimeter lang. Sie hängt an einem kurzen, kräftigen Stiel und schützt ihr kostbares Inneres mit einer harten Schale. Die Frucht wiegt etwa 350 bis 500 Gramm. In ihrer Pulpa, dem weichen weißen Fruchtfleisch, liegen 20 bis 50 längliche, eiförmige Samen. Das sind die Kakaobohnen, um die sich alles dreht. Die geernteten Früchte werden noch am selben Tag zu einem großen Sammelplatz gebracht, wo sie von den Arbeitern mit Buschmessern aufgespalten werden. Dazu gehört viel Fingerspitzengefühl und Erfahrung, denn die kostbaren Samen dürfen nicht verletzt werden. Als Nächstes löst man die in fünf Längsreihen angeordneten Kakaobohnen von Hand aus der Schale. Die Samenkerne mit ihren Keimwurzeln sind noch vom saftigen Fruchtfleisch umgeben. In diesem Stadium sind sie violett; ihre charakteristische schokoladenbraune Farbe bekommen sie erst später.

Links: Weißes Fruchtfleisch umhüllt die Samen der Kakaofrucht, wenn man sie aus der Schale löst.

Rechts: Zur Fermentation breiten die Plantagenarbeiter die Kakaobohnen auf Bananenblättern aus. Um den Gärprozess zu beschleunigen, werden die Samen noch mit Blättern zugedeckt.

Kraftprotz der Natur

Da liegt sie nun, die Kakaobohne, der kleine Kraftprotz der Natur. Der deutsche Gelehrte und Südamerika-Reisende Alexander von Humboldt (1769 bis 1859) war voll des Lobes über die aztekische Götterspeise: »Kein zweites Mal hat die Natur eine solche Fülle der wertvollsten Nährstoffe auf einem so kleinen Raum zusammengedrängt wie gerade bei der Kakaobohne.« Untersucht man sie lebensmittelchemisch, so bestätigt sich dieses Urteil: 54 Prozent Kakaobutter, 11,5 Prozent Eiweiß, 9 Prozent Zellulose, 7,5 Prozent Stärke und Pen-

tosane, 6 Prozent Gerb- und Farbstoffe, 5 Prozent Wasser, 2,6 Prozent Mineralstoffe und Salze, 1,2 Prozent Theobromin, 0,2 Prozent Coffein, 1 Prozent verschiedene Zuckerarten, 0,2 Prozent organische Säuren.
Rund 300 weitere chemische Substanzen wollen Forscher außerdem festgestellt haben. Alles zusammen macht die Kakaobohne zu einem gehaltvollen Nahrungsmittel und einem begehrten Genussmittel zugleich.

Durch Fermentation zum Aroma

Doch die rohe Kakaobohne ist noch meilenweit von einem Genussmittel entfernt. Erst einmal müssen die Bohnen vom Fruchtfleisch getrennt werden, und das erreicht man durch Fermentation. Etwa eine Woche lang werden sie der natürlichen Alkoholgährung ausgesetzt, wozu die Pulpa den nötigen Zucker beisteuert. Dazu schichtet man die Kakaobohnen auf Bananenblättern oder in Körben, Kisten und auf Rosten auf und deckt sie ab. In der Tropenhitze setzt sofort der biochemische Prozess der Fermentation ein. Das Fruchtfleisch verflüssigt sich und tropft ab. Durch den Temperaturanstieg auf bis zu 50 Grad Celsius sterben die Samenkeime ab, die Zellwände werden durchlässig und die Zellsäfte durchdringen den Kakaokern. Sauerstoff spielt bei diesem Prozess ebenfalls eine wichtige Rolle. Durch Oxidation verfärbt sich die weißlich gelbe Bohne in ein kräftiges Braun, das schon der späteren Schokoladenfarbe ähnelt. Auch der herb-bittere Geschmack schwächt sich dadurch deutlich ab. Sonst wäre das spätere Produkt nicht genießbar. Bei der Fermentation werden die Aromastoffe angelegt, aus denen sich beim Trocknen und Rösten das gewünschte typische Kakaoaroma entwickeln soll.
Die Bohnen saugen sich beim Fermentieren mit viel Flüssigkeit aus dem Fruchtfleisch voll. Sie dürfen aber nicht mehr als sechs bis sieben Prozent Feuchtigkeit enthalten, um lager- und transportfähig zu sein. Also trocknet man sie in der erbarmungslos heißen Äquatorsonne nach der Regenzeit. Auf riesigen Trockenböden werden die Kakaobohnen unter freiem Himmel in einer fünf bis zehn Zentimeter dicken Schicht ausgebreitet. Ständiges Wenden und sorgsame Auslese sind jetzt notwendig. Während dieser heiklen Phase schützen auf manchen Plantagen verschiebbare Dachkonstruktionen die kostbare Ernte vor den kurzen tropischen Regengüssen.

Sonnengetrocknet aufs Frachtschiff

Die Sonne geht besser mit den Bohnen um, als der beste Trockenofen es könnte. Mit ihrer Hilfe bilden sich außerdem sortentypische Aromen aus. Die nochmals verlesenen Bohnen wiegen jetzt nur noch etwa ein Gramm pro Stück und ähneln in der Tat den Mandeln, für die Christoph Kolumbus sie einst hielt.
Als Trockenware sind sie jetzt erst einmal vor Schimmel und dem Befall durch schädliche Mikroorganismen sicher. Reif für den Export in die Kakao verarbeitenden Länder, abgefüllt in Jutesäcke von 60 bis 70 Kilogramm gehen sie nun auf eine Schiffsreise nach New York, Rotterdam, Hamburg, London oder …

Beim Handel mit dem »braunen Gold« kam und kommt es immer wieder zu erheblichen Preisschwankungen, vergleichbar den Zickzackkursen der Erdöl- und Kaffeepreise. Im Prinzip sollen Angebot und Nachfrage den Preis bestimmen, aber es gibt zu viele unwägbare Faktoren: Klimaeinbrüche, Schädlingsbefall, Streiks und politische Umstürze. So wurde während der Ölkrise 1972 das Wechselspiel zwischen Preis und Produktionsmenge empfindlich gestört – der Rohkakaopreis explodierte.
Die Kakaoterminbörsen in New York, Paris und London sollen versuchen, eine annähernd verlässliche Preisstabilität sowohl für Erzeuger als auch für Verbraucher zu erreichen. Die Börse legt fest, wann und wie gehandelt wird und welche Rechte und Pflichten die Vertragspartner haben. Das 1973 unterzeichnete erste Kakaoabkommen zwischen den Erzeugerstaaten der Dritten Welt und den Abnehmerländern in Europa und Nordamerika bestimmte einen Preisrahmen mit Maximal- und Minimalpreis. Doch auch mehrere Folgeabkommen konnten keine wirklich stabilen Preise sichern, an denen die devisenabhängigen Erzeuger naturgemäß ein höheres Interesse haben. Deshalb lagern in den Silos der Schokoladenhersteller heute große Mengen Rohkakao ein. So können die Abnehmer Hochpreisphasen überbrücken. Außerdem hat sich die Produktivität in fast allen Phasen der Kakaogewinnung ständig verbessert. Das sind zwei Gründe dafür, warum sich zumindest der Preis für die 100-Gramm-Tafel Schokolade in den vergangenen 30 Jahren kaum erhöht hat.
Schon in den Verschiffungshäfen, aber erst recht beim Käufer wird die Ware peinlich genau geprüft. Der Rohkakao muss tadellos sein. Beim Transport darf er vor allem nicht feucht werden, denn dann läuft er Gefahr, zu schimmeln. Die Experten erkennen die zu erwartende Qualität schon an Farbe, Form und Größe der Bohnen. Ein Schnitttest gibt außerdem Auskunft darüber, ob die Fermentation korrekt verlaufen ist: Die Keimlinge müssen abgestorben und der Samenkern darf nicht faul sein. Denn nur ein ausgezeichnetes Grundprodukt taugt zur Erzeugung qualitativ hochwertigen Kakaopulvers und edler Schokolade.
Nach der Freigabe werden die Säcke aufgeschnitten und die Kakaobohnen kommen lose in die Silos. In den Lagerhallen der Kakaoimporteure werden sowohl Temperatur als auch Luftfeuchtigkeit und Belüftung ständig überprüft und reguliert, um die aromatische Ware in einem optimalen Zustand zu erhalten.

Das Geheimnis guter Schokolade

Jetzt kann die Kakaobohne erst mal eine mehrmonatige Verschnaufpause einlegen, bevor ihre lange Reise vom Baum zur Tafel weitergeht. Erst wenn der Rohkakao weiterverarbeitet werden soll, holt man die Bohnen aus den Silos. Die sorgfältig überwachte Reinigung der Roh-

Nach der Fermentation werden die Kakaobohnen zum Trocknen ausgelegt. Hierfür braucht man keine Maschinen, denn die tropische Sonne verrichtet diese Arbeit perfekt. Während des Trocknens wenden die Arbeiter die Bohnen immer wieder, damit keine feuchten Stellen zurückbleiben. Am Ende dieser Prozedur haben die Kakaosamen ihren Wassergehalt von 50 auf 6 Prozent verringert.

ware ist der nächste große Schritt. Nur von allen Sackfasern, Steinchen, Holzstückchen, von Staub und Schmutz restlos befreite Bohnen sind gut genug. Die modernen Reinigungsanlagen arbeiten megagründlich. Mit Gebläse, mit Bürsten und Sieben, pneumatisch und magnetisch entfernen sie jede noch so kleine Verunreinigung. Vor dem Rösten werden im Labor noch einmal Fett- und Wassergehalt der Bohnen analysiert.

Während es bisher um die möglichst schonende Ernte, den sicheren Transport und die Pflege der Kakaobohnen ging, beginnt jetzt die eigentliche Veredelung des Produkts. Denn das Geheimnis guter Schokolade beginnt beim richtigen Rösten. Nur durch sie kann der Kakao – genau wie die Kaffeebohne – die schöne Farbe und den gewünschten Geschmack gewinnen.

Für den Röstvorgang, der heute natürlich mit allen High-Tech-Finessen abläuft, trennt man die Bohnen streng nach Sorten und Herkunft, also nach ihrer unterschiedlichen Rohqualität. In großen, computergesteuerten Anlagen werden die Kakaosamen, während sie über vollautomatische Förderbänder laufen, je nach gewünschtem Bräunungsgrad 10 bis 35 Minuten lang bei Temperaturen zwischen 130 und 150 Grad Celsius geröstet. Jede Kakaosorte verträgt eine andere Temperatur.

Links: Die meisten Schokoladenhersteller benutzen heute Rohkakao als Grundlage ihrer Produktion. Die glänzende braune Kakaomasse entsteht beim Vermahlen der Kakaobohnen. Sie enthält noch alle Bestandteile der Kakaokerne.

Rechts: Aus der Kakaomasse wird unter hohem Druck die Kakaobutter gepresst.

Da muss man sich genau auskennen. Für die Herstellung von Kakaopulver brauchen die Bohnen mehr Hitze, weil es ein kräftiges Aroma bekommen soll. Die zarteren Geschmacksnoten feiner Schokolade verlangen dagegen nach schonender Behandlung der Bohne, hier wird kürzer und milder geröstet. Ein Zuviel kann den natürlichen Geschmack des Kakaos zerstören und ihn am Ende scharf-bitter machen. Die im Rohkakao bereits im Ansatz vorhandenen Aromastoffe prägen sich beim Rösten erst richtig aus, während der Wassergehalt sinkt. Die hohen Temperaturen bewirken außerdem, dass sich die Samenschale von der Bohne löst und das Schälen später leichter fällt. Nach dem Rösten müssen die Kakaobohnen möglichst rasch wieder abkühlen, um das innere Weiterrösten zu verhindern. Ein starker Kakaogeruch strömt nun durch die Fabrikhalle.

Die kleine Kakaobohne ist so schön wie nie: mittelbraun bis dunkelbraun geröstet, mit herrlichem Duft. Und jetzt kommt ein weiterer großer Moment, bei dem viel auf dem Spiel steht. Die gerösteten, abgekühlten Bohnenkerne (in der Fachsprache »Nibs«) werden nun genau gewogen und so gemischt, wie es der Hersteller für ein ganz bestimmtes Endprodukt haben will. Unterschiedlich große Anteile milder und kräftiger Kakaosorten kombiniert der Experte nach einer eifersüchtig gehüteten Rezeptur, die dafür sorgt, dass der Geschmack des Endprodukts so bleibt, wie es der Kunde gewohnt ist. Bei dieser Arbeit ist der Chocolatier dem Winzer vergleichbar, der vor dem Pressen verschiedene Trauben mischt, um deren typische Geschmackseigenschaften auf möglichst ideale Weise zu etwas Neuem zu verbinden.

Von der Bohne zum Kakaobruch

Ein zylindrischer Mischer vermengt die Kakaokerne, dann kommen sie in die Brechanlage. Dort werden sie geknackt: Die starken Riffelwalzen der Brecher zertrümmern die Bohnen in kleine Partikel, ein starker Luftstrom entfernt die Schalenteilchen, die als Abfallprodukt an die chemische Industrie geliefert werden.

Übrig bleibt der so genannte Kakaokernbruch. Er wird nun noch einmal genauestens auf Reinheit und Qualität untersucht. Denn auch feinste Verunreinigungen können den Geschmack beeinträchtigen. Kakaokernbruch muss noch mehr als 50 Prozent Fett enthalten, aber nur 3 Prozent Feuchtigkeit und nur noch 2 Prozent Schalen und Schalenteilchen.

Und jetzt geht es in die Mühlen. Sie zerkleinern die Bruchstücke noch weiter, bevor sie in riesigen Mahlwerken zu einem feinen Kakaobrei zermahlen werden. Dabei wird nun das Zellgewebe der vorgebrochenen Kakaokerne aufgerissen und die in den Zellen enthaltene Kakaobutter freigesetzt. Die beim Mahlen entstehende Reibungshitze lässt die Kakaobutter schmelzen. Sie um-

Nachdem die Kakaobutter aus der Rohmasse gepresst wurde, bleibt der so genannte Presskuchen (Mitte) übrig, der zu Kakaopulver vermahlen wird (rechts).

hüllt die Zellbruchstücke und die ebenfalls freien Stärke- und Eiweißteilchen und bildet zusammen mit ihnen einen leuchtend braunen Brei, der schon stark nach Schokolade riecht – das ist die Kakaomasse.

Von der Kakaomasse zur Kakaobutter

Die aus den Mahlwerken fließende Kakaomasse wird nun in beheizte Tankbehälter gepumpt. Sie muss nicht nur flüssig gehalten, sondern auch ständig bewegt werden, damit sich keine Nichtfettstoffe auf dem Tankboden ablagern. Aus diesen Tanks kann die Kakaomasse über beheizte Rohre an jedwede Stelle der Schokoladenfabrik gepumpt werden. Wenn sie abkühlt, erstarrt sie.
An diesem Punkt scheiden sich die Produktionswege, je nachdem, ob man als Endprodukt Kakaobutter und Kakaopulver oder aber Schokolade und Pralinen herstellen will. Die flüssige Kakaomasse enthält noch immer 50 bis 53 Prozent Fett, die so genannte Kakaobutter. Sie zählt zu den wertvollsten und teuersten Fetten überhaupt. Sie ist in der Kosmetik und in der Pharmaindustrie begehrt. Auch zur Herstellung von Schokolade braucht man sie.
Die Azteken kochten die Bohnen aus und schöpften dann das oben schwimmende Fett ab, um daraus Salben herzustellen. Heute gewinnt man die Kakaobutter so: Die auf 80 bis 90 Grad Celsius erhitzte Kakaomasse wird in eine Kakaopresse gefüllt, die aus bis zu 24 horizontal angeordneten Presskammern besteht. Die Masse wird nun mit zunehmendem Druck – bis zu 900 Bar! – gegen Siebe mit mikrofeinen Löchern gepresst, bis die goldgelbe, klare Kakaobutter herausfließt. Sie wird gefiltert, bei Bedarf auch desodoriert, und erkaltet sodann in Blöcken. Richtig gelagert ist sie jahrelang haltbar.
Nach dem Abpressen der Kakaobutter bleibt ein Rest von festen Bestandteilen übrig: der steinharte Kakaopresskuchen, der zunächst gebrochen und dann in der Pulverisierungsanlage fein zu Kakaopulver gemahlen wird. Der Fettgehalt der handelsüblichen Kakaopulversorten liegt zwischen 8 und maximal 24 Prozent. Damit die Kakaoteilchen nicht klumpen, wenn sie mit Wasser oder Milch in Berührung kommen, hat man das Alkalisieren erfunden. Die Zugabe einer Kalium-Karbonat-Lösung zur Kakaomasse vor dem Pressen erhöht später die Löslichkeit des Pulvers; Geschmack und Farbe bleiben davon unberührt.
Die Lebensmittelindustrie kann zwischen 60 verschiedenen Pulvertypen wählen – mild oder herb, hellrotbraun oder tief dunkelbraun. Wie bei der Schokolade gibt es Qualitätsstufen für jeden Anspruch und Geldbeutel. Und das Kakaopulver wandert nicht nur in die heiße Milch, es begegnet uns zum Beispiel in Fettglasuren, Schokobonbons, Schokoladenkuchen und -pudding.
Feste Schokolade herzustellen ist viel komplizierter. Doch davon mehr im nächsten Kapitel.

Milka

Vom Rohkakao *zur* Schokotafel

Während viele Schokoladenhersteller heute nur noch bereits vorgefertigte Schokoladenmasse als Ausgangsprodukt verwenden, verarbeitet Kraft Foods noch ganze Kakaobohnen.

Immer, wenn das Wetter umschlägt, kommt dieser Duft. Dann riecht es über allen Dächern von Lörrach ganz zart nach Schokolade – seit über hundert Jahren schon. Denn so lange wird in der südbadischen Grenzstadt vor den Toren Basels Milka produziert, die Milchschokolade aus dem Hause Suchard, heute Teil des Lebensmittelmultis Kraft Foods. Der alte, weltbekannte Markenname blieb, der Geschmack ebenfalls.

Weitsichtige Firmengründer

Der Geschichte des Hauses Suchard begegnet man im kleinen Werksmuseum der Lörracher Fabrik – nur eine von vielen Produktionsplätzen von Suchard-Schokolade in Europa. Hier hängen die Porträts des Schweizer Firmengründers Philippe Suchard und seines ebenso rauschebärtigen deutschen Schwiegersohns Russ-Suchard aus Solingen, die beide als Unternehmer weitsichtiger und unternehmungslustiger waren als viele Topmanager heute. Ausgestellt sind in chronologischer Folge die Verpackungen und Reklameschilder, in denen sich Geschmack und der Zeitgeist des 20. Jahrhunderts widerspiegeln. Für manches große Emailleschild wie den Bernhardiner als Milka Werbeträger würden Sammler heute 30 000 bis 40 000 Mark hinblättern.

Die Pralinenschachteln in der Glasvitrine wirken rührend altmodisch; sie wurden noch bis in die Fünfzigerjahre von geduldiger Frauenhand mit Seidenbändern geschmückt. Die Milka Pralinen kommen heute übrigens aus dem Straßburger Werk. Auch die Design-Story der Milka Verpackung ist gut dokumentiert.

Osterhasen und Nikoläuse

Besonders faszinierend sind die blechernen Gussformen für die fast metergroßen Weihnachtsmänner und Osterhasen aus Milchschokolade. Früher waren die Figuren in den Details noch viel plastischer ausgeformt, da sie unbekleidet, allenfalls in Cellophan gehüllt, im Schaufenster der Confiserie die Blicke auf sich ziehen mussten. Damals benötigte man zwei starke Männer, um die erkaltende Schokoladenmasse bis in die letzte Vertiefung der Gussform zu verteilen, später übernahmen das spezielle Maschinen. Bunt bedruckte Mäntel aus Staniolpapier ersetzen bei den modernen Osterhasen und Nikoläusen schon lange die ausgeprägten anatomischen Einzelheiten. Dafür passen jetzt Designer und Marketingexperten auf, dass die Figuren den richtigen Look haben, um im Supermarkt das Rennen zu machen. Die weit verbreitete Vermutung allerdings, dass unverkaufte Weihnachtsmänner drei Monate später als Osterhasen wieder auferstehen, weist man in Lörrach entschieden zurück. Zudem würden die Schokofiguren von den Kollegen im Werk Bludenz bei Bregenz in Österreich hergestellt. Die Fabrik wird von Lörrach aus mit Tankwagen voll flüssiger Milchschokolade versorgt.

Im Versuchslabor für Schokokreationen

In einem Schokoladenwerk gibt es nicht nur riesengroße Fabrikhallen, wo die sorgsam verlesenen Kakaobohnen von der Elfenbeinküste erst in Kakaomasse, alsdann nach einem minutengenauen Fahrplan zu feiner Vollmilchschokolade veredelt werden, sondern auch eine Lehrwerkstatt, in der der Nachwuchs in die Geheimnisse der Chocolaterie eingeweiht wird.

In diesem kleinen Versuchslabor erlernen die Lehrlinge die Grundzüge des Chocolatiershandwerks. Sie müssen eigenhändig eine Schokoladenrezeptur erfinden und nach allen Regeln der Kunst in kleinen Maschinen herstellen. Hier tüftelt ein kleines Team von Chocolatiers auch ständig an neuen, trendigen Inhalten – für gefüllte Schokoriegel und Pralinen. Es dauert lange, bis die Schokoladenerfinder mit ihrem Werk zufrieden sind und eine solche Neuheit in Serie gehen kann. Aber schokoladensüchtig, so beteuern sie, ist keiner von ihnen. Dick übrigens auch nicht, obwohl jeder mindestens eine Tafel pro Tag verputzt.

High-Tech-Produktionsanlagen

Die genaue Rezeptur, nach der die echte Milka gemacht wird, bleibt natürlich ein wohl gehütetes Geheimnis. In den vergangenen 100 Jahren hat man sehr behutsam höchstens kleine Veränderungen daran vorgenommen und die betrafen meist die Modernisierung der Verarbeitungstechnik. Heute wird der ganze Produktionsablauf mit Computern gesteuert und von Spezialisten über Monitore überwacht. Sie blicken so gespannt und aufmerksam auf die Bildschirme wie die Kontrolleure eines Atomreaktors. Da der Energieverbrauch einer Schokoladenfabrik enorm hoch ist, kann jeder kleinste Fehler viel Geld kosten.

Folgende Zutaten sind in jeder Vollmilchschokolade enthalten: Zucker (höchstens 50 Prozent), Kakaobutter, Kakao (mindestens 30 Prozent in der Gesamtkakaotrockenmasse); Lezithin 0,7 Prozent; Magermilch- und Süßmolkenpulver sowie Vanillin in feinster Dosierung. Bei Alpenmilchschokolade muss das verarbeitete Milchpulver aus Molkereien der Alpenregion kommen. Frische Milch kann und konnte man nie verwenden. Sie ist der »natürliche Feind fester Schokolade«, wie ein Experte erklärt, denn sie hat einen Wasseranteil von etwa 87 Prozent. Weitere Zutaten wie Mandeln, Nüsse und Mokka kommen erst später ins Spiel. In welchen Mengen sie beigemischt werden, folgt einer genauen Rezeptur und strengen gesetzlichen Vorschriften. Die Kennzeichnungs- und Kakaoverordnung schreibt auch vor, dass auf der Verpackung alle Zutaten genau vermerkt werden müssen, und zwar in der Reihenfolge ihres Mengenanteils am Gesamtprodukt.

Bei der Qualitätskontrolle achten die Schokoladenexperten nicht nur darauf, ob die Kakaobohnen sauber, trocken und frei von Schimmelsporen sind, sondern sie prüfen auch sorgfältig das beim Fermentieren, Trocknen und Rösten angelegte Aroma.

In den heiligen Hallen der Schokoproduktion

Niemand darf die Produktionshallen einer Schokoladenfabrik betreten, ohne sich vorher die Hände gewaschen und einen weißen Schutzanzug aus Zellstoff übergezogen zu haben. Nicht auszudenken, wenn eine Uhr oder ein Ohrring in einen mit hellbraunem Gold gefüllten Tank fallen würde!

In Lörracher Werk von Kraft Foods laufen fünf Produktionslinien gleichzeitig. Es wird Vollmilch- und weiße Schokolade – die enthält gar keine Kakaomasse, nur Kakaobutter – parallel mit gefüllten Schokotafeln jeder erdenklichen Geschmacksvariante produziert.

Im Folgenden begleiten wir die klassische Vollmilch-Schokoladentafel auf ihrem Weg von der Rohmasse zur zart schmelzenden Versuchung im rechteckigen Format. Die Mischanlage bestimmt die Komposition einer Schokoladensorte. Selbst bei Ausgangsmengen von bis zu zehn Tonnen muss sie die einzelnen Bestandteile auf 100 Gramm genau wiegen.

Jetzt werden die Zutaten für eine Charge zusammengemischt: Aus den gewärmten Vorratstanks gelangt die Kakaomasse über ein ebenfalls wohltemperiertes Rohrsystem in die Mischanlage, wo ihr die Kakaobutter zugesetzt wird. Der Zucker wird durch eine andere Leitung in den Mischer geblasen. Das Milchpulver kommt hinzu sowie eine Prise Vanillin, um den Geschmack abzurunden. Das Vanillin darf das Kakaoaroma aber auf keinen Fall überdecken. Nur wenn alle Zutaten in den vorgeschriebenen Mengen zusammentreffen und gemischt werden, erreicht man das angestrebte Ergebnis: den eingeführten Markengeschmack. Das Mischen funktioniert im Prinzip wie in einer Küchenmaschine. Etwa zehn Minuten lang werden die Bestandteile vermengt und geknetet. Aus den pulverförmigen und flüssigen Stoffen entsteht eine noch relativ körnige Masse, die sich auf der Zunge sandig anfühlt. Das ist so, weil die einzelnen Partikel des »Kuchenteigs« noch eine Größe von 0,2 Millimetern haben. Sie müssen noch viel feiner werden. Im Puffertank wartet die Charge also auf die nächste Phase. Aber es riecht schon ganz appetitlich im Saal.

Und nun unter die Walze

Bevor die Schokolade so richtig auf der Zunge schmelzen kann, muss sie feinstens zerkleinert werden. Das geschieht in einem so genannten Walzwerk. Die noch relativ großen Zucker- und Kakaopartikel werden zunächst im Vorwalzwerk von zwei gegenläufig rotierenden Walzen mit großem Druck zerkleinert. Dann beginnt das Feinwalzen. Im Fünfwalzwerk sind fünf Stahlwalzen übereinander montiert. Hydraulischer Druck presst die Walzen

Links: Das A und O der Schokoherstellung besteht in sorgfältigem Walzen und Rühren. Nachdem Kakaomasse, Zucker, Aromastoffe und Lezithin gemischt wurden, werden die Zutaten fein gewalzt (links). Um allen Geschmackskomponenten zur optimalen Entfaltung zu verhelfen, muss die Schokolade über mehrere Stunden gerührt, »conchiert«, werden (rechts).

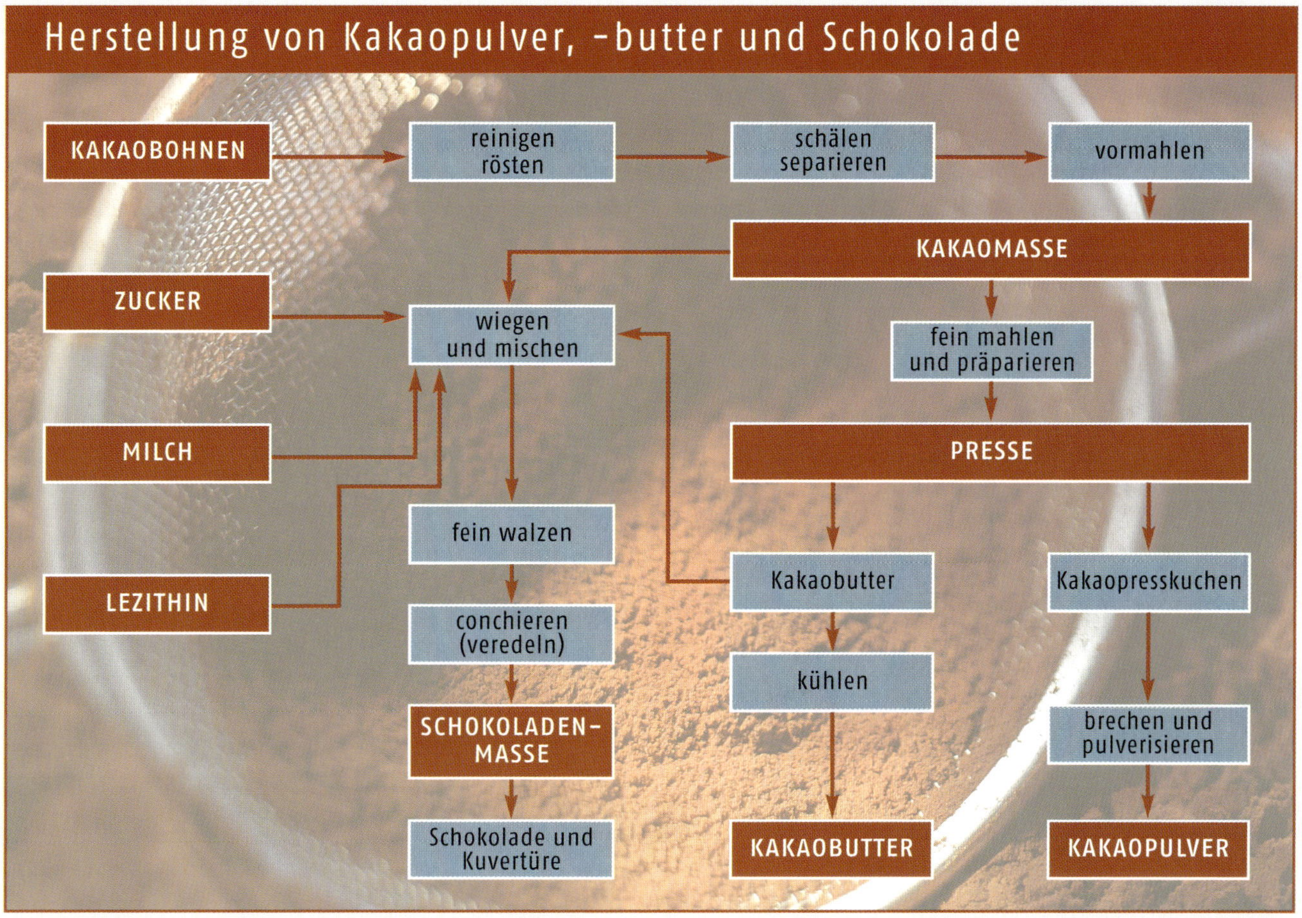

Die Schautafel gibt einen Überblick über die Bestandteile und die einzelnen Produktionsschritte bei der Herstellung von Schokoladenerzeugnissen.

so zusammen, dass sich die Abstände zwischen den einzelnen Walzen von unten nach oben verringern. Das jeweils folgende Walzenpaar dreht sich zudem schneller als das vorherige und zieht die Masse von unten nach oben durch den Spalt, wobei diese immer feiner wird. Während dieses Vorgangs fließt die Kakaobutter aus der Masse ab, und aus dem Fünfwalzwerk kommt schließlich ein feines, flockiges Pulver, in dem die Partikel nur noch eine Korngröße von wenigen Tausendstel Millimetern haben. Das nimmt die Zunge nicht mehr als rau wahr.

Das Geheimnis des zarten Schmelzes

Nun beginnt das Conchieren, das Rudolphe Lindt erfunden hat. Die Conche war ursprünglich ein muschelähnlich geformter Steintrog (*concha* = spanisch für Muschel), in welchem die Schokoladenmasse im gleich bleibenden Rhythmus hin und her geschlagen wurde. Was früher Tage dauern konnte, dafür reichen in der industriellen Produktion heute Stunden. Die Conchen fassen zwischen 8 und 15 Tonnen. Durch einen kleinen Spalt kann man erkennen, wie die Maschine arbeitet. Rotierende Mischarme bewegen die Pulvermasse im auf 80 Grad Celsius erwärmten Behälter. Beim ersten Schritt, dem Trockenconchieren, verringert sich die Feuchtigkeit auf weniger als ein Prozent. Zehn Stunden später: Durch die Hitze und die Zugabe von Kakaobutter wird die Schokolade allmählich flüssig. Der Schmelz entsteht, indem sich die Kakaobutter wie ein mikrofeiner Film um die Feststoffteilchen legt. Außerdem macht die Zugabe von Lezithin als Emulgator die Masse noch geschmeidiger. Das abschließende Flüssigconchieren dauert bei Kraft Foods in Lörrach etwa vier Stunden. Nun wird die flüssige, vollends veredelte Schokoladenmasse in auf 45 bis 50 Grad Celsius beheizten Behältern zwischengelagert.

Sie muss immer weiter gerührt werden, damit sich die leichtere Kakaobutter nicht an der Oberfläche sammelt. Wie es nun weitergeht, kann man leider nicht sehen. Denn die Schokolade durchläuft jetzt die geschlossene Temperieranlage, in der sie erst den richtigen seidigen Glanz erhält. Aber auch die Voraussetzungen für das richtige zarte Knacken – später beim Abbrechen des Stückchens von der Tafel.

Auch Schmelzverhalten und Wärmefestigkeit hängen vom richtigen Temperieren ab. Es verleiht den Fettkristallen der Schokomasse die optimale Struktur. Man kühlt sie stufenweise zunächst von 50 auf 28 Grad Celsius ab, um sie danach wieder auf 32 Grad zu erwärmen. Fehler in der Temperaturkurve können das Produkt ruinieren. Deshalb verfolgen die Techniker diese Phase zwar routiniert, doch mit höchster Konzentration. Nur wenn die so genannte Vorkristallisation fachgerecht gelingt, entsteht eine edle und lagerfähige Milchschokolade.

Nach einer erneuten Qualitätsprüfung im Werkslabor ist die Masse jetzt bereit für die »Eintafelanlage«. Hin und her schwingende Trichter gießen die flüssige Schokolade in die leicht angewärmten Metall- oder Kunststoffformen mit den typischen Tafelrippen – auf ein Gramm genau dosiert und in atemraubendem Tempo. Zusätze wie Haselnüsse, Mandeln, Krokant oder Sultaninen werden erst unmittelbar vor dem Eintafeln unter die Masse gemischt.

Auf breiten Förderbändern durchlaufen die mit dickflüssiger Schokolade gefüllten Formen nun die so genannte Rüttelstation. Durch die Bewegung wird die Masse ganz genau in Form gebracht und von etwaigen Luftbläschen befreit. Im Kühlabschnitt der Anlage ziehen sich die erstarrenden Tafeln nun ein wenig zusammen und liegen nun fast lose in ihren Formen. Und schon werden sie mit einem leichten Klopfen ausgekippt, im Fachjargon »ausgetafelt«. Letzte Krümel werden noch abgesaugt, Mängelexemplare aussortiert. Die leeren Formen gehen wieder zurück an den Start, bereit für die nächste Füllung.

Die fertigen Milka Tafeln, die jetzt glatt und verführerisch glänzend über das Band gehen, bleiben kaum eine Minute nackt. In Windeseile werden sie von Robotern in aromadichtes Aluminiumpapier und ihr berühmtes lilafarbenes Kleid verpackt, mit Etiketten versehen, gezählt, gestapelt und in Kartons gepackt. Keine Menschenhand berührt dabei das duftende Produkt. Und es stimmt wirklich: Ganz frisch vom Band schmeckt die Milka am allerbesten.

Wie kommt die Füllung in die Tafel?

Jeder hat sich bestimmt schon mal gefragt, wie die Füllung in die Schokolade kommt, die Joghurtcreme, das Nougat, die Kaffee- oder die Sahnecreme. In der Fachsprache nennt man den Vorgang Hohlkörperverfahren. Wie bei der massiven Schokoladentafel wird die flüssige Schokomasse erst einmal in gewärmte Formen gegossen und gerüttelt. Durch Wenden und Schleudern fließt ein Teil der Schokolade aber wieder ab. Der Rest bleibt gut verteilt an den Rändern zurück. Eine so genannte Ableckwalze säubert diese Hohlformen, auch Hülsen genannt. Millimetergenau gießt nun ein Roboter die Füllmasse aus Joghurtcreme oder Nougat in die kleinen Rechtecke. Fehlt noch der Deckel, genau genommen der spätere Boden der gefüllten Tafel. Über die bereits erkaltete Füllung wird eine dünne Schicht Schokolade gegossen, schön glatt gestrichen und gekühlt. Dann geht's zur Verpackung, zum Lager, zum Lastwagen, zum Supermarkt. Und am Ende landet alles in den Mündern ungezählter Milka Fans. Etwa vier Millionen Tafeln Schokolade kann das Werk in Lörrach herstellen – jeden Tag. Und bevor der nächste Regen kommt, duftet es in der Stadt nach Milka. Darauf kann man sich verlassen.

Auf breiten Förderbändern werden die Schokotafeln gerüttelt, damit sich keine Luftbläschen in der Schokoladenmasse einkapseln. Danach laufen sie durch die Kühlanlagen, und dann werden sie blitzschnell verpackt.

Keine Schokolade verlässt unbekleidet die Lörracher Produktionshallen: Ob die mächtige 400-Gramm-Tafel oder die Miniausführung, die so genannten Naps, jede Tafel wird sorgfältig in Staniolpapier verpackt und mit dem unverwechselbaren lila Wickler umhüllt.

Milka

Schokolade *macht* glücklich

Die Chocolade, wenn sie mit Sorgfalt bereitet wird, (ist) ein ebenso gesundes wie angenehmes Nahrungsmittel von hohem Nährwerte und leichter Verdaulichkeit (...). Die Chocoladentrinker erfreuen sich in der Regel einer gleichmäßigeren Gesundheit und bleiben von einer Menge kleiner Übel verschont, die das Lebensglück beeinträchtigen. Auch ihr Körperumfang erhält sich mehr auf derselben Höhe ...« Der berühmte französische Schriftsteller und Gastrosoph Anthelme Brillat-Savarin (1755–1826) urteilte in der *Physiologie des Geschmacks* über die Schokolade auf Grund seiner Beobachtungen, ohne ihre chemischen Bestandteile wirklich zu kennen.

Doch das meiste, was er damals zu ihren Gunsten annahm, hat sich bewahrheitet – und lässt sich auch von der festen Form dieses unübertroffenen Genussmittels sagen, der Tafel Schokolade.

Was steckt in der Schokolade?

Dass der Kakao sehr nahrhaft, delikat und auf geheimnisvolle Weise anregend für Leib und Seele ist, das wussten natürlich die Azteken ebensogut wie Giacomo Casanova und Marie Antoinette. Die Frage lautet schon lange nicht mehr, ob Schokolade glücklich macht, sondern wie sie das macht.

Was ist ihr zartbitter-süßes Geheimnis? Mehr als 300 chemische Stoffe hat man in der »Alltagsdroge« festgestellt. Ihr Konsum löst weit mehr als nur ein schlichtes Zucker-Hochgefühl aus, wozu jedes Lutschbonbon ausreichen würde. Die Forscher beschäftigen sich schon lange und ernsthaft mit dem Phänomen des »guten Gefühls« beim Schokoladenaschen. So hat man die Wirkung der einzelnen Substanzen zwar nachgewiesen, es ist aber bisher nicht gelungen, die Stoffe in der kom-

Schokolade ist mehr als ein Genussmittel: Sie hebt die Stimmung und wirkt anregend auf Nerven und Gehirn. Eine Übersicht über ihre Wirkstoffe fasst die wissenschaftlichen Erkenntnisse über das »braune Gold« zusammen.

Quellen: Vollmer, G., u.a.: Lebensmittelführer. Stuttgart 1990; Belitz, H.-D., und Grosch, W.: Lehrbuch der Lebensmittelchemie. Berlin 1992

BESONDERE INHALTSSTOFFE VON SCHOKOLADE UND IHRE WIRKUNGEN

SUBSTANZ	STOFFGRUPPE	POSTULIERTE WIRKUNG
Kakaobutter	Fette	Synthese von Beta-Endorphin (s.u.)
Zucker	Kohlenhydrate	Ausschüttung von Serotonin (steigert die Stimmung, fördert Entspannung, unterstützt Tiefschlaf; aktiviert wiederum Endorphine, s.u.)
Phenylethylamin	biogenes Amin	Neurotransmitter erhöht den Blutdruck, beeinflusst positiv die Gehirnfunktion und das psychische Befinden, aktiviert wiederum Serotonin (s.o.)
Beta-Endorphin		Neurotransmitter lindert Schmerz, löst Wohlbefinden aus
Tyramin	biogenes Amin	kann Migräne auslösen (nur bei sensitiven Personen und nur beim Verzehr großer Mengen)
Oxalsäure	organische Säure	fördert Bildung von Nierensteinen
Theobromin	Alkaloid	Geschmacksstoff wirkt anregend auf Herz und zentrales Nervensystem, erweitert die Blutgefäße, harntreibend
Coffein	Alkaloid	Geschmacksstoff stimuliert das zentrale Nervensystem, steigert die geistige Leistungsfähigkeit, harntreibend, regt die Magensäureproduktion an
Phenole	Phenole	Gerbstoffe, verantwortlich für adstringierenden Geschmack fangen Radikale ab (antioxidativ), dadurch antikanzerogen und antimikrobiell

Die Forschung bestätigt: Ein Stück Schokoladenkuchen kann wahre Wunder wirken. Es liefert Energie, macht fröhlich und beschwingt. Gerade in der tristen Jahreszeit greifen deshalb viele Menschen unbewusst zur Schokolade und Homöopathen verordnen sie sogar als Antidepressivum.

plexen Verbindung Schokolade in ihrer Wirkung zu analysieren. Nichtsdestotrotz gibt es Beobachtungen und Hypothesen en masse.

Eine Theorie besagt zum Beispiel, dass das Gehirn beim Genuss von Schokolade Beta-Endorphin freisetzt, ein körpereigenes Opiat, das augenblicklich zu einem Wohlgefühl führt. Peter Rogers vom Institute of Food Research in Norwich sagt, dass der Konsum von Schokolade in ausgeprägtem Maß angenehme Gefühle erzeugt und zu allgemeiner Entspannung beiträgt. Es gibt sogar Hinweise darauf, dass die Schmerzempfindlichkeit des Körpers nachlässt, weil der Kakao natürliche Betäubungsstoffe in kleinen Dosen enthält. Süßigkeiten und alle Kohlenhydrate bewirken eine vermehrte Ausschüttung von Serotonin im Gehirn. Dieser Botenstoff sorgt nicht nur für bessere Laune, er steigert auch die Konzentrationsfähigkeit und gibt neuen Antrieb.

Gute Laune durch Schokolade

Serotoninmangel kann depressiv machen. Gerade in der kalten Jahreszeit, wenn Lichtmangel uns schlapp und lustlos werden lässt, versuchen die Menschen diesem Mangel abzuhelfen.

Der eine greift zur Banane, der andere kocht sich einen Pudding, der Dritte verputzt eineTafel Schokolade. Sie alle steigern die Serotoninbildung. Es liegt also der Schluss nahe, dass Süßmahlzeiten wie Schokolade, Pralinen oder Sahnetorte die Stimmung besonders positiv beeinflussen – solange man nicht gleich am nächsten Morgen auf die Waage steigt. Die »zarteste Versuchung« muss ja nicht umgehend mit einem schlechtem Gewissen bestraft werden. Oder, wie es der Schwarzwälder Konditormeister Discher aus Gengenbach einmal so wunderbar formulierte: »Süßes macht nicht dick, es formt.«

Man glaubt schon alles über die Schokolade zu wissen. Doch es werden immer neue, aufregende Erklärungen dafür gefunden, warum Schokolade uns »happy« macht und tröstet. So haben Forscher vom Neurosciences Institute in San Diego, Kalifornien, festgestellt, »Schokolade enthalte eine pharmakologisch aktive Substanz«, die auf das Gehirn eine vergleichbare Wirkung ausübt wie Marihuana *(Cannabis sativa)*. Sie fanden – in Spuren – in der Schokolade den Botenstoff Anandamin. Man müsste allerdings etwa 20 Kilogramm Schokolade essen, um auch nur annähernd eine berauschende Wirkung zu erzielen. Die Konzentration der so genannten Cannabinoide in Milch und Kakao ist also so verschwindend gering, dass sie nicht süchtig machen kann. Schokolade enthält ferner die Alkaloide Theobromin und Coffein, die früher irrtümlich gleichgesetzt wurden. Theobromin gibt jedoch nur ein vergleichsweise schwaches Stimulans ab und Coffein ist auch im Kakao nur in Spuren enthalten. Daneben kommt in der Schokolade Phenylethylamin vor, das als Neurotransmitter (Botenstoff) im Gehirn wirkt.

Schokolade als Arznei

Seit dem 16. Jahrhundert hat man die Schokolade zu medizinischen Zwecken oder als Transportvehikel für unangenehm schmeckende Arznei benutzt – jedes Kind kennt diesen Trick. Vieles von dem, was erst in den letzten Jahren wissenschaftlich entdeckt wurde, war schon unseren schokovernarrten Vorfahren zumindest empirisch geläufig.

Schokolade ist ein nahrhaftes Lebensmittel, denn sie ist reich an Fett und Kohlenhydraten.

DIE WICHTIGSTEN INHALTSSTOFFE IN 100 GRAMM ZARTBITTER- UND VOLLMILCHSCHOKOLADE

SUBSTANZ	ZARTBITTER	VOLLMILCH
Energie	507 kcal	526 kcal
Protein	5,3 g	8,0 g
Fett	30,0 g	30,0 g
Kohlenhydrate	54,0 g	56,0 g
Kalzium	60 mg	245 mg
Magnesium	150 mg	40 mg
Phosphor	229 mg	235 mg
Eisen	3,0 mg	3,0 mg
Vitamin B1	0,08 mg	0,10 mg
Vitamin B2	0,08 mg	0,35 mg
Vitamin E	2,0 mg	1,9 mg
Theobromin	0,6 g	0,2 g
Coffein	0,04 g	0,025 g

Rechts: Beerenfrüchte enthalten viel Vitamin C und harmonieren sehr gut mit Schokolade. Ein Dessert aus einer Schokoladenspeise mit frischen Beeren ist deshalb nicht nur schmackhaft, sondern auch gesund.

Der Codex Badianus (1552) empfahl die Kakaoblüten zur Behandlung von Erschöpfung. Florentiner Doctores verschrieben ein Rezept aus Kakaobohnen, Mais und Heilkräutern, um Fieber zu senken und ein schwaches Herz zu stärken. Bis ins 20. Jahrhundert wurden mehr als hundert verschiedene medizinische Anwendungen für Kakao bzw. Schokolade bekannt.
Außerdem wurde das göttliche Gebräu vor allem zu drei Zwecken verwendet:
1) abgemagerten Patienten wieder zu Kräften und Pfunden zu verhelfen,
2) das Nervensystem schwacher, erschöpfter und apathischer Patienten zu stimulieren und
3) die Verdauung zu fördern. Weitere Beschwerden, die man einst damit behandelte, waren unter anderem: Blutarmut, Appetitmangel, Fieber, Völlerei, Nierensteine, Tuberkulose, Impotenz und schwache Milchproduktion bei stillenden Müttern. Viele dieser einstigen Heilungsversprechen gehören wohl eher ins Reich der Fantasie. Dennoch lassen sich heute ein paar wirklich attraktive Eigenschaften der Schokolade wissenschaftlich nachweisen.

Was sagt die moderne Forschung?

Jüngste Forschungen der University of California, Los Angeles sowie der Harvard School of Public Health ergaben, dass Schokolade bzw. Kakao helfen, dem Risiko von Herzerkrankungen vorzubeugen. Das Naschwerk enthält bedeutsame Anteile von Phenolen (Antioxidantien). Diese verhindern, dass die Blutgefäße durch fettähnliche Lipoproteine verstopft werden und sich Thrombosen bilden. Die Harvard-Mediziner hatten in einer fünfjährigen Studie fast 8000 ältere Amerikaner befragt. Das überraschende Ergebnis: Die Senioren mit einer Vorliebe für süsse Leckereien lebten im Durchschnitt fast ein Jahr länger als die abstinente Vergleichsgruppe. Immerhin!
Entgegen einer weit verbreiteten Annahme trägt Schokolade auch nicht zu erhöhten Cholesterinwerten bei, obwohl sie einen hohen Anteil an gesättigten Fettsäuren enthält. Im Gegenteil: Die ebenfalls in der Kakaobutter befindliche Stearinsäure kann den Cholesteringehalt des Blutes sogar senken!

Schokolade ist gesund

Ist Schokolade also gesund? Aber ja, wenn es nach den jüngsten Forschungsergebnissen geht, die mit vielen alten Vorurteilen Schluss machen. Und last but not least noch zwei gute Nachrichten:
1. Schokolade verursacht keine Akne und verstärkt sie auch nicht. Akne kann ohnehin durch Diät so gut wie nicht beeinflusst werden.
2. Schokolade ist nicht schuld an Karies. Sie enthält wie viele unserer Lebensmittel zwar eine Menge gärfähiger Kohlenhydrate. Eine Reihe von Untersuchungen haben jedoch belegt, dass der Kakao das Säurepotenzial des in der Schokolade enthaltenen Zuckers eher bremst.

Es gibt sogar Hinweise, dass die Kakaobutter die Zähne mit einem feinen Film überzieht, der diese vor Zahnbelag schützt. Aber: Der Zucker im Kakaoschmelz haftet besonders gut an den Zähnen. Also doch besser nach dem Genuss von Schokolade die Zähne putzen!

Die Schokolade enthält bekanntermaßen ein paar existenzielle Nährstoffe, die der Körper täglich benötigt. Eine Tafel Milchschokolade mit 526 Kilokalorien enthält zum Beispiel 8 Gramm Protein und deckt 9 Prozent der Tagesration an Kalzium sowie 7 Prozent des Eisenbedarfs. Auch 40 Gramm lebenswichtiges Magnesium ist darin enthalten.

Woran erkennt man gute Schokolade?

Ob Schokolade der Gesundheit dient, hängt nicht zuletzt auch von ihrer Qualität ab. Da Schokolade ein verarbeitetes Lebensmittel ist, dessen Einzelsubstanzen mit bloßem Auge nicht wahrnehmbar sind, hat das im Lauf der Geschichte Hersteller immer wieder zum Panschen angeregt. Da wurden Mehl, Ziegelsteinstaub und womit man sonst ohne große Geschmacksverfälschungen das teure Kakaopulver strecken konnte, untergemischt. Seriöse Schokoladenhersteller machen so etwas natürlich nicht. Und dennoch gibt es gravierende Qualitätsunterschiede. Woran erkennt man nun eigentlich gute Schokolade? Puristen und manche Schokogourmets lassen nichts anderes als »edelbitter« gelten. Vollmilch oder gar weiße Schokolade bezeichnen sie Nase rümpfend als »Kinderkram«. Ihr Qualitätsmerkmal: Je höher der Kakaoanteil (zwischen 70 und 80 Prozent), desto besser ist die Schokolade.

Herb mit einem Hauch von Süße, auf keinen Fall aber säuerlich muss diese Luxusschokolade schmecken, nur aus besten südamerikanischen Kakaosorten bestehen und in einem aufwändigen handwerklichen Verfahren hergestellt sein. Auf den edlen Verpackungen solcher Tafeln sind – wie beim Wein – oft auch das Herkunftsland der Kakaobohnen, manchmal sogar die Lage der Pflanzen und neuerdings auch der Jahrgang vermerkt. Das muss allerdings noch nicht bedeuten, dass diese Schokolade tatsächlich besser schmeckt als andere.

Populärer als die edle Bitterschokolade ist die klassische »Vollmilch« (und Feinschmecker geben manchmal kleinlaut zu, dass sie ihnen eigentlich besser schmeckt!). Auch hier gibt es gewaltige Qualitätsunterschiede.

Schokotest mit fünf Sinnen

Eine gute Schokolade erkennt und erlebt man mit allen Sinnen: Schokotester müssen sehen, hören, riechen, fühlen und schmecken. Am besten verkostet man Schokolade übrigens bei Zimmertemperatur. Erst dann kommen die feinen Aromen zur Geltung.

Sehen: Die Tafel soll seidig glänzen und rundum glatt sein. Weiße Schlieren beeinträchtigen zwar nicht den Geschmack und schaden nicht der Gesundheit, aber schön sind nicht gerade – das Auge genießt schließlich mit. Der weiße Film ist meist »Fettreif«, ein eindeutiges Zeichen dafür, dass die Schokolade zu warm gelagert wurde und angeschmolzen war. Dabei wandern die Fettkristalle der Kakaobutter an die Oberfläche. Sobald die Schokolade wieder abkühlt, erstarren die Kristalle und schimmern weißlich.

Hören: Gute Schokolade sollte fest sein und ein appetitliches Knacken hören lassen, wenn man sie bricht. Die Bruchkanten müssen sauber und glatt sein. Wenn die Schokolade stark splittert oder bröselt, ist sie zu trocken. Lässt sie sich nur mit Mühe brechen, ist sie zu weich. Von Natur aus weiche Sorten wie Noisette oder Nougat knacken natürlich nicht in gleichem Maß – in diesem Fall tut das der Qualität aber keinen Abbruch.

Riechen: Eine gute Schokolade duftet nicht aufdringlich süß, sondern ausgewogen und rund. Auf keinen Fall darf sie staubig oder verbrannt riechen, denn dann ist beim Rösten der Kakaobohnen schon etwas schief gelaufen. Ein Geruch nach Tabak, der sich manchmal bei dunkler Schokolade einschleicht, ist ein Zeichen für falsche Lagerung.

Fühlen: Zarter, butterweicher Schmelz weist auf höchste Chocolatierskunst. Nur das aufwändige Conchieren, das lange Rühren der Kakaomasse bei der Schokoladenproduktion, sorgt für perfekte Konsistenz. Bei aller Geschmeidigkeit – am Gaumen kleben sollten die süßen Stücke allerdings auch nicht.

Schmecken: Zu süß sollte eine gute Schokolade nicht sein. Ein milder Kakaogeschmack, ein ausgewogenes Verhältnis zwischen Süße und Herbheit und zarte Milchakzente (die nach Sahne, aber nicht nach Käse schmecken dürfen) machen den Genuss perfekt. Schokoladenprofis erkennen feinste Zwischentöne: Die eine Schokolade schmeckt ihrer Meinung nach eher nussig, die andere mehr nach Karamell. Schokokenner stellen Aromen von Malz, Honig, Vanille und Zimt fest. Bei einer guten Schokolade bleibt der köstliche Geschmack noch lange am Gaumen haften. Weintester sprechen von einem »langen Abgang« – der gefällt auch bei Schokolade.

Eine gute weiße Schokolade schmeckt nicht zu klebrig und süß, sondern milchigfrisch. Wird ihr Puffreis und Krokant (»Crunch«) zugegeben, so müssen diese Beigaben knusprig sein.

Kleine Psychologie der Schokoladengenießer

Übrigens: Gefüllte und verfeinerte Schokoladen sollen angeblich einiges über ihre Käufer verraten. Danach sind Freunde von Trauben-Nuss eher klassisch-konservative Genießer, Vollnuss-Anhänger gelten als kernige, naturnahe Sportsleute. Schokolade mit Pfefferminz spricht vor allem Anhänger der britischen Lebensart an, Vollmilch-Erdbeer eher romantisch-verspielte Schokoholics. Joghurt-Schokolade wird gerne von Fitnessanhängern gekauft – obwohl sie nicht etwa weniger Kalorien hat als andere Schokoladen. Aber ihre frischen, leicht säuerlichen Aromen machen nicht so ein schlechtes Gewissen. Nougat- und Noisette-Schokolade ist etwas für besonders sinnliche Schokogourmets.

Gefüllte Schokoladen schmecken gut, wenn die Füllung mit der Schokoladenhülle harmoniert. Säuerliche Füllungen mit Zitronen- und Orangenaroma zum Beispiel passen besonders gut in eine frische weiße Schokolade. Gut gekühlt sind diese Versionen – auch wenn Kakaopuristen sie belächeln – im Sommer ein köstliches Vergnügen. Besonders reizvoll an gefüllten Schokoladen ist der Kontrast zwischen einem knackigen Schokoladenchassi und einer weichen, cremigen Füllung.

Die Schokolade *in der* Küche

Die alten Azteken hätten sich geschüttelt. Kochen mit Schokolade, ihrem heiligen Kakao? Das wäre für sie ungefähr so unvorstellbar gewesen wie für uns die Zubereitung von Wackelpudding mit Messwein. Auch in ihrer Sprache fanden die Forscher keinen Hinweis darauf, dass die Kakaobohne in ihrer Küche verwendet wurde. Der Wandel vom reinen Getränk zu einer Kochzutat kam mit den spanischen Missionsnonnen nach Mexiko. Sie bereiteten aus Kakaomasse schon eine Art Schokoladenkonfekt und so behaupten Historiker, die mexikanischen Klöster seien durch dessen Verkauf reich geworden. Das mexikanische Nationalgericht *pavo in mole poblano* (Truthahn in einer Chili-Schokoladen-Sauce) wurde, will man einer Legende glauben, vermutlich zu eben dieser Zeit erfunden. Sie besagt, die Nonnen des Santa-Rosa-Klosters in Puebla erwarteten aufgeregt die Ankunft ihres Bischofs Manuel Fernandez de Santa Cruz y Sahagún (1632 bis 1699). Schwester Andrea bereitete die Sauce des Truthahns zu, den man dem Bischof servieren wollte. Vor Aufregung stieß sie die Dose mit dem Kakaopulver vom Bord über dem Herd und diese ergoss ihren gesamten Inhalt in die Sauce. Eine neue Sauce anzurühren blieb keine Zeit … Auch wenn der Wahrheitsgehalt dieser Legende vielleicht zweifelhaft sein mag, ist es zumindest eine hübsche Geschichte.

Nachdem Kakao bei den Azteken nur als Getränk genossen wurde, hielt er mit Ankunft der spanischen Eroberer auch in der Küche Einzug.

Aus italienischen Kochtöpfen

Dagegen ist eindeutig bewiesen, dass die Italiener, die im 17. Jahrhundert kulinarisch in Europa die Nase weit vorn hatten, schon damals mit Kakao und Zucker nach Herzenslust experimentierten. Ihre überaus kreativen Köche benutzten Kakao nicht nur bei der Zubereitung von Torten und Gebäck, sie verwendeten ihn auch bei Fleisch- und Nudelgerichten. Es gab Lasagne mit Mandeln, Walnüssen, Anchovis und Schokolade, auch *pappardelle di cioccolata* (Bandnudeln). Ferner wußte man in Norditalien schwarze Polenta, Schokoladenpudding und diverse Kuchen mit dem braunen Gold zuzubereiten.

Schokolade harmoniert hervorragend mit Mandeln und Mehl, mit Sahne, Eiern, Zucker und Honig. Deshalb lässt sie sich in der Patisserie vielseitig verwenden: als Bestandteil des Kuchenteigs, als Füllung, Überzug oder als kunstvolles Dekor.

Es gab sogar abenteuerliche Kombinationen aus Schokoladenpudding mit Kalbfleisch, Mark und kandierten Früchten sowie eine raffinierte Schokoladensuppe. Sie war vor allem in der Region um Trient beliebt und erinnert in ihrer Rezeptur (Milch, Zucker, Zimt, Eigelb und Kakao) an die »Gesundheitssuppe«, die im 18. Jahrhundert in Deutschland gern gegessen wurde. In Neapel verstand man sich bereits im Barock auf die Kunst, selbst bei sommerlichen Temperaturen ein Schokoladensorbet herzustellen. Auch Turin machte in Sachen Schokolade von sich reden: Einem glücklichen Zufall ist es zu verdanken, dass hier das Nougat erfunden wurde. Als Napoleons Truppen das Piemont belagerten, schrumpften die Kakaovorräte. Um nicht auf die heiß geliebte Schokolade verzichten zu müssen, streckten die Konditoren sie mit Haselnüssen. Die wuchsen überall im Piemont im Überfluss und hatten eine fantastische Qualität. Das Ergebnis war sensationell. Anstatt minderwertiger Schokolade hatte man eine köstliche Süßigkeit kreiert. Noch heute ist der *gianduiotto*, ein himmlisches Nougatpraliné, eine Turiner Spezialität. Andere berühmte Schokoköstlichkeiten verdankt Turin einem bayerischen Konditor. Ihn hatte es über die Alpen nach Italien verschlagen, wo er die schmackhafte Schokoladenmeringe mit Namen *montebianco*, eine unwiderstehliche Nougattorte und *salame nizzardo* erfand, eine Creme aus Schokolade, Rum, Sahne und Keksen.

Schokoladenküche auf Französisch

Die Franzosen indes, die von jeher eine strengere Abgrenzung der elementaren Geschmacksrichtungen pflegen, konzentrierten sich bei der Verwendung von Schokolade von Anfang an auf süße Desserts. Ihnen

Beim Backen mit Kakao empfiehlt es sich, Mehl und Kakaopulver vorab zu mischen.

verdanken wir so unsterbliche Klassiker wie das Schokoladensoufflé und die *mousse au chocolat*, die schon im frühen 18. Jahrhundert erfunden wurden. An diesen beiden Meisterwerken kann man noch heute den Stümper vom Genie unterscheiden. Auch das *éclair* (auf Deutsch leicht anzüglich »Liebesknochen« genannt) ist eine typische Erfindung, die es in den Geschmacksvarianten Schokolade, Vanille und Karamell gibt.

Kein Wunder, dass der Marquis de Sade ein glühender Liebhaber von Schokolade in allen Variationen war. Er schickte seiner lieben Frau aus dem Gefängnis lange Wunschlisten, weil er sich nach Tafeln, Cremes, Biskuits und Pastillen aus Schokolade verzehrte.

Ob die Erfindung der Praline auf das Konto der Franzosen oder der Deutschen geht, ist nicht eindeutig zu klären. Fest steht allerdings, dass der Zeitpunkt dieser Erfindung von weltpolitischer Bedeutung ist. Ende des 17. Jahrhunderts tagte der »Immerwährende Reichstag« zu Regensburg, bemüht, die Geschicke der 350 deutschen Einzelstaaten nach dem Dreißigjährigen Krieg zu lenken. Um den Herren das anstrengende Regierungsgeschäft zu versüßen, ließen sich die Leibköche einiges einfallen. Der französische Beobachter Herzog Choiseul du Plessis-Praslin hatten einen deutschen Koch. Um etwas Abwechslung in die Dessertküche zu bringen, wandelte der das konventionelle »Reichstagskonfekt« – kandierte Mandeln und Nüsse – ab, indem er es mit der gerade in Mode gekommenen Schokolade überzog. Zu Ehren seines Herrn nannte er die neue Süßigkeit »Praliné«.

Die Klassiker der Schokosüßspeisen bilden immer wieder die Grundlage für neue raffinierte Dessertkreationen.
Links: Helle und dunkle »mousse au chocolat« auf Karamell,
rechts: Schokospäne krönen das Soufflé von Schokoladeneis.

Feinste Kuchen und Torten

Der erste Schokoladenkuchen wurde im 18. Jahrhundert in der Londoner Schokoladenstube »Coffee Mill and Tobacco Roll« kredenzt. Leider sind weder Rezeptur noch Zeugnisse, wie er geschmeckt hat, überliefert. Die berühmteste Schokoladentorte der Welt stammt aber nicht aus London, sondern aus Wien. Es erfand sie anno 1832 der damals erst 16 Jahre alte Küchenlehrling Franz Sacher. Sein Geheimrezept nahm er später mit in den Esterházy-Palast, wo er eine Zeit lang als Leibkoch diente. Seine unwiderstehliche Sachertorte mit der dicken, glänzenden Schokoglasur, unter der eine Schicht Aprikosenmarmelade versteckt ist, brachte ihm ein Vermögen ein – und machte auch seine Nachkommen reich. Das Geheimnis dieser Torte aus Schokolade, Butter, Puderzucker, Mehl und Eiern liegt in ihrer feuchten, dabei doch wunderbar festen Konsistenz. Kein Wunder, dass sie bald Dauergast auf den Tafeln gekrönter Häupter wurde. Franz Sacher betrieb einen Feinkostladen gleich hinter dem Stephansdom, sein Sohn eröffnete später das weltberühmte Hotel. Und dort hütet man immer noch eifersüchtig das unerreichte Originalrezept. Mit der Konditorei Demel, die ein paar hundert Meter weiter auch eine so genannte Sachertorte anbot, brach ein regelrechter »Tortenkrieg« aus, der erst 1958 gerichtlich zugunsten des Hotels Sacher entschieden wurde. Durch eine clevere Marketingidee erlangten die Torten aus der Konditorei des Hauses Sacher Weltruhm: Man bot den Service an, die Torten in jeden auch noch so entlegenen Winkel der Erdkugel zu verschicken. Um 1900 waren bereits 20 000 Kuchen jährlich unterwegs! Heute kann man seine Sachertorte selbstredend im Internet bestellen.

Nicht minder berühmt und mindestens ebenso kalorienmächtig ist Schwarzwälder Kirschtorte, die in der *belle époque* in einem Grandhotel zwischen Schwarzwald und Bodensee erfunden wurde, man weiß nicht mehr genau, von wem. Mit der geraspelten Schokolade auf der mehrschichtigen Masse und nur echt mit dem Zusatz von Kirschwasser gilt sie vielen Leckermäulern noch heute als die Königin aller deutscher Torten. Und das, obwohl das deutsche Konditorhandwerk eine ganze Palette feiner Schokobackwaren zu bieten hat: Marmorkuchen, Trüffeltorte, Schokoladenmandeltorte, um nur einige zu nennen.

Dabei war die Schokolade vor 1900 in deutschen Koch- und Backbüchern nicht zu finden, denn die große Mehrheit konnte sich diesen Luxusartikel gar nicht leisten. Zwischen den Kriegen war sie in Deutschland nur sehr schwer zu bekommen. Auch danach dauerte es noch eine Weile, bis man sich an komplizierte Kreationen herantraute.

Wer in den Fünfzigerjahren geboren wurde, erinnert sich bestimmt noch an einen Sonntagskuchen, der so schlicht wie genial war. In eine Backform wurden abwechselnd Butterkekse und in Palmin geschmolzene Blockschokolade geschichtet. Dann stellte man das Ganze ein paar Stunden in den Kühlschrank, der Block wurde aus der Form gekippt und mit dem Messer in krümelig-fettige Schnitten geteilt: Gestreifter Junggeselle hieß das Ding oder auch Kalter Hund.

Heute gehört die Schokolade vor allem in der Adventszeit, wenn die Plätzchenbäckerei losgeht, zu den unentbehrlichen Zutaten: Schokomakronen, Bärentatzen und Brownies sind Evergreens in vorweihnachtlichen Backstuben. Die mit Schokolade überzogenen Lebkuchen werden zum Beispiel regelmäßig als Erste aus der Plätzchentruhe genascht …

Die Nachahmung der Natur war von jeher ein Feld der Zuckerbäckerei: Die Erdbeere, die hier gerade mit Schokolade überzogen wird, wurde aus gefärbtem Marzipan hergestellt.

In geschmolzenem Zustand lässt sich Schokolade als Backzutat am besten verarbeiten.

Mit Schokolade gestalten

Mit Schokolade dekorieren

Wenn man Schokolade in der Küche z.B. für Kuchen oder Cremes verwenden möchte, muss man sie nur schmelzen und flüssig untermischen. Komplizierter wird es, wenn flüssige Schokolade wieder in ihren festen Ursprungszustand zurückversetzt werden soll – das setzt einige Erfahrung und wichtige Grundkenntnisse voraus. Das A und O ist in diesem Fall das richtige »Temperieren« der Schokolade, d.h., man schmilzt sie vorsichtig, kühlt sie wieder leicht ab und erwärmt sie dann nochmals (siehe rechte Seite).

Schokolade ist sehr hitzeempfindlich. Beim Schmelzen trennen sich Zucker, Kakaomasse und Kakaobutter voneinander, beim Temperieren werden sie wieder in neuer Kombination vereint. Wird Schokolade zu stark erwärmt, gehen diese Grundbestandteile keine Verbindung mehr miteinander ein. Ideal zur Verarbeitung ist eine Temperatur um 32 °C; ist sie niedriger, wird die Schokolade zu dickflüssig und matt, ist sie höher, trennt sich die Kakaobutter ab und es muss nochmals temperiert werden.

Nicht nur die richtige Temperatur kann in der Schokoladenküche entscheidend sein, auch die Wahl der richtigen Sorte ist von Bedeutung. Zum Überziehen von Torten und Kuchen nimmt man am besten Kuvertüre: Sie enthält viel Kakaobutter, was ihr edlen Schmelz und weichen Glanz verleiht und sie außerdem dünnflüssiger als herkömmliche Schokolade macht. Um das typische Schokoladenaroma zu erhalten, wird bevorzugt die eher kräftige (Halb-)Bitterkuvertüre verwendet.

Die einfachste Art, Torten, Kuchen oder Desserts mit Schokolade zu dekorieren, ist, sie mit **Schokoraspeln** oder **Schokospänen** zu bestreuen. Für deren Herstellung kann man jede beliebige Schokolade oder Kuvertüre verwenden. Da die Schokoladen- bzw. Kuvertüretafeln dabei fest in der Hand gehalten und daher warm werden, empfiehlt es sich, sie zuvor etwa 1 Stunde in das Tiefkühlgerät zu legen. So schmilzt die Schokolade nicht so schnell in der Hand und lässt sich besser zerkleinern. Für feine Schokoraspel die Schokoladentafel auf einer Küchenreibe raspeln, für Schokospäne die Tafeln von der Seite beginnend mit einem scharfen Messer abschaben.

Schokoraspel

Besonders feine Schokoraspel erhält man, wenn man die Schokolade auf der groben Seite der Küchenreibe raspelt.

Schokospäne

Für größere Schokospäne mit einem scharfen Küchenmesser senkrecht an der Schokoladenseite herunterfahren.

Die Kunst des Schmelzens

Es gibt verschiedene Methoden, Schokolade bzw. Kuvertüre zu schmelzen. In der Profi-Schokoladenküche geschieht dies mithilfe eines thermostatisch gesteuerten Temperiergeräts, das während des Schmelzens ständig die Temperatur überwacht und die Kuvertüre verarbeitungsfähig hält. Für Hobby-Chocolatiers ist dagegen das Wasser- bzw. Dampfbad der sicherste Weg: Man erhitzt Wasser in einem mittelgroßen Topf und nimmt ihn vom Herd. Dann stellt man ein kleineres Metall- oder Plastikgefäß auf den Wassertopf, in dem die in kleine Stücke gebrochene Kuvertüre unter vorsichtigem Rühren geschmolzen wird. Je nach Zusammensetzung kann Kuvertüre unterschiedlich hoch erhitzt werden. Bei dunkler Kuvertüre sind bis zu 58 °C möglich, entscheidend ist das Verhältnis von Kakaomasse und Zucker, das immer dazu in Klammern angegeben wird (z. B. 60/40). Vollmilch-Kuvertüre sollte nicht über 44 °C, weiße Kuvertüre sogar nur auf maximal 40 °C erwärmt werden.

Im nächsten Schritt wird die geschmolzene Kuvertüre wieder abgekühlt. Bei der so genannten **Tabliermethode** geschieht dies dadurch, dass man einen Teil auf eine Platte ausstreicht (»tabliert«) und dann wieder zur restlichen flüssigen Kuvertüre dazugibt: Zunächst wird etwa die Hälfte der geschmolzenen Kuvertüre auf eine Platte gegossen. Dann die Kuvertüre mithilfe von Spachtel und Palette so lange hin und her bewegen, bis sie fest zu werden beginnt. An diesem Punkt muss die Masse sofort wieder in die Schüssel zurückgegeben und darin aufgelöst werden. Dann erneut die Temperatur messen, die Kuvertüre sollte unter 30 °C abgekühlt sein, eventuell nochmals tablieren. Diese Methode hat sich besonders bewährt, wenn man kleine Mengen an Kuvertüre verarbeiten möchte oder wenn es schnell gehen muss.

Eine einfachere Alternative zum Tablieren bietet die so genannte **Impfmethode.** Dabei gibt man so lange kleine Mengen an geraspelter Kuvertüre in die geschmolzene Kuvertüre, bis sie sich unter 30 °C abkühlt hat. Nach dem Abkühlen wird die Kuvertüre im Wasserbad wieder langsam auf 30 bis 32 °C erwärmt (»hochtemperiert«) und kann dann nach Wunsch verarbeitet werden.

1

Das Temperiergerät

Mit speziellen Temperiergeräten lässt sich Schokolade fachgerecht schmelzen und warm halten.

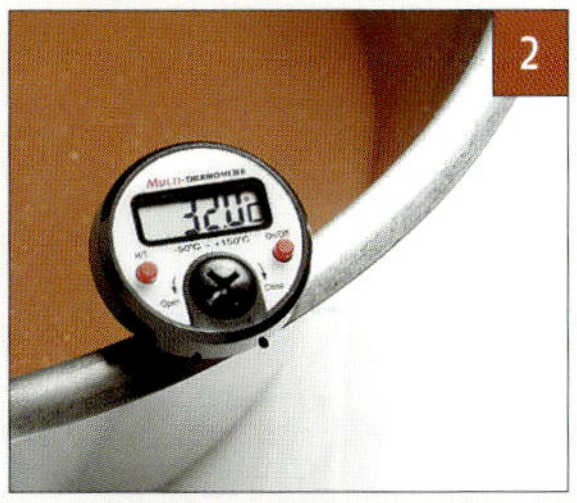

2

Temperatur messen

Kuvertüre zur Verarbeitung auf 30 bis 32 °C temperieren, die Temperatur kann man elektronisch überwachen.

3

Die Tabliermethode (1)

Etwa die Hälfte der warmen, geschmolzenen Kuvertüre auf eine kühle Marmor- oder Edelstahlplatte gießen.

4

Die Tabliermethode (2)

Mit Spachtel und Palette die Masse zum Abkühlen hin und her schieben, fest gewordene Kuvertüre einfach abstreifen.

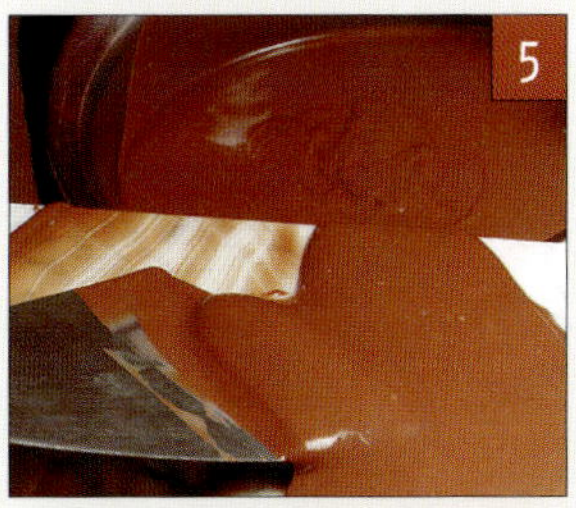

5

Die Tabliermethode (3)

Wenn die Kuvertüre beginnt, fest zu werden, sofort wieder in die Schüssel zur restlichen flüssigen Kuvertüre geben.

6

Die Impfmethode

Zum Abkühlen wird hierbei nach und nach geraspelte Kuvertüre unter die bereits geschmolzene gerührt.

Fächer und Röllchen

Ist die Kuvertüre temperiert, kann sie für die verschiedensten Dekors verwendet werden. Relativ einfach ist die Herstellung von so genannten Schokoladenfächern und -röllchen. In beiden Fällen wird die Kuvertüre zuerst geschmolzen und dann mit der Palette ausgestrichen. Da die Kuvertüre sehr schnell fest wird, streicht man am besten mehrmals hintereinander kleine Kuvertüreflächen aus und verarbeitet sie zügig.

Für **Schokoladenfächer** die Kuvertüre schmelzen und wieder temperieren. Besonders schöne Falten wirft die Kuvertüre, wenn man noch 4 bis 6 Prozent Haselnussöl beim Schmelzen untermischt. Dann die Kuvertüre ausstreichen und, wenn sie etwas fest geworden ist, nochmals mit einem Spachtel glätten und »polieren«: Dafür mit der Handfläche mehrmals darüber streichen. Zum Schieben der Fächer hält man mit Daumen und Zeigefinger der linken Hand die linke Spachtelecke fest und schiebt mit der rechten Hand den Fächer nach vorne. Die fertigen Fächer entweder sofort verwenden oder auf ein mit Backpapier oder Folie ausgelegtes Blech setzen.

Für **Schokoladenröllchen** mit dem Spachtel im flachen Winkel ansetzen und die Kuvertüre abschnittsweise von der Platte schaben, dabei zügig arbeiten, damit die Kuvertüre nicht zu hart wird. Wenn man die ganze Kuvertürefläche vorher in gleichmäßigem Abstand einritzt, erhält man entsprechend kürzere Röllchen.

Kuvertüre ausstreichen

Für Schokoladenfächer die temperierte Kuvertüre mit der Palette flach auf einer Marmorplatte ausstreichen.

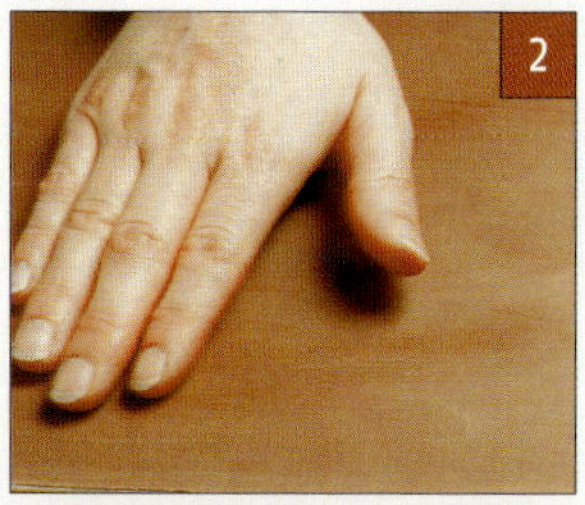

Mit der Hand »polieren«

Die Kuvertürefläche erst mit dem Spachtel und dann mit der Handfläche »polieren«, um unschöne Risse zu vermeiden.

Fächerfalten schaben

Mit dem Spachtel möglichst zügig Fächer aus der Kuvertüre herausschaben, dabei geradlinig oder im Halbkreis arbeiten.

Kuvertüre ausstreichen

Für Schokoladenröllchen wird die temperierte Kuvertüre mit der Palette auf einer Marmorplatte aufgetragen.

Röllchen schaben

Den Spachtel sehr flach halten und möglichst zügig Röllchen abnehmen, damit die Kuvertüre nicht zu fest wird.

Grünes Schokogras

Als besonderen Gag zur Osterzeit können ambitionierte Hobby-Chocolatiers essbare Nester aus grünen Schokofäden herstellen – das braucht zwar etwas Zeit, garantiert aber die Bewunderung aller. Wenn man einmal in dieser Technik geübt ist, kann man auf die gleiche Weise übrigens auch essbare Einsätze für Pralinenschachteln fertigen.

Zum **Schokoladefärben** über Nacht ein Backblech oder eine kleine Metallplatte im Tiefkühlgerät einfrieren. Am nächsten Tag die Pigmentfarben Gelb und Blau zu Grün mischen: Dafür Kakaobutter im Wasserbad auflösen, aber nicht über 42 °C erwärmen. Die Pigmentfarben in einer kleinen angewärmten Schüssel mischen. Etwas von der Kakaobutter dazugeben und die Farben damit anrühren. Immer nur wenig Kakaobutter dazugeben, damit sich keine Klümpchen bilden. Falls die Mischung nicht ganz glatt ist, nochmals mit dem Stabmixer pürieren und durch ein feines Sieb gießen. Die fertig angerührte Farbe bis zur Verwendung warm halten.

Die weiße Kuvertüre bis 36 °C auflösen, sie muss hierbei nicht temperiert werden; andere Kuvertüre kann bis 40 °C aufgelöst werden. Dann die vorbereitete Farbe unterrühren. Mehrere Papierspritztüten, eine Palette oder ein Lachsmesser und eine Fleischgabel bereitlegen. Das Blech aus dem Tiefkühlgerät nehmen, auf Eis stellen und mit einer Papiertüte die aufgelöste Kuvertüre quer von einer Seite zur anderen auf das Blech »schleudern«. Sofort mit Palette oder Lachsmesser unter die Schokolinien fahren, anheben und mit einer Fleischgabel zügig wie Spaghetti ineinander zu einem Nest aufrollen. Die Nester auf Backpapier 4 bis 5 Stunden trocknen bzw. aushärten lassen. Es empfiehlt sich, immer nur für ein Nest Fäden aufzuschleudern, weil sie sehr schnell fest werden.

1

Kuvertüre grün färben

Mit einem Teigschaber die Farbmischung gründlich unter die weiße Kuvertüre rühren, dabei keine Luft einschlagen.

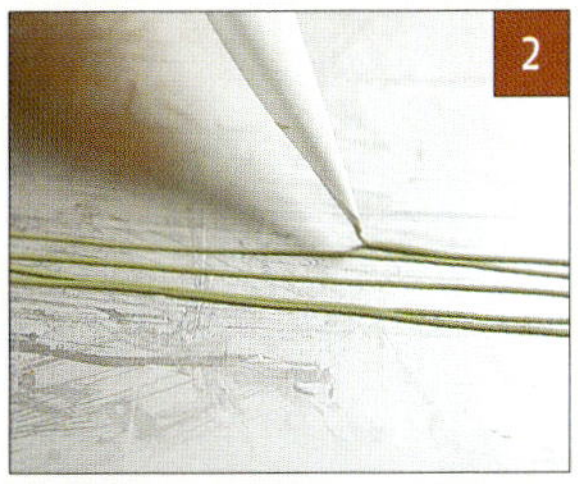

2

Kuvertüre aufschleudern

Gefärbte Kuvertüre portionsweise in eine Spritztüte füllen und auf das kalte Blech dünne Schokofäden »schleudern«.

3

Grüne Fäden abheben

Die grünen Schokofäden sofort in halbfestem Zustand mit Palette oder Lachsmesser vorsichtig vom Blech anheben.

4

Nester drehen

Die Schokofäden mit der Fleischgabel wie Spaghetti zu einem Nest drehen, dann auf Backpapier trocknen lassen.

Schokoladenaufsatz

Beinahe schon Kunstwerke sind selbst gemachte Schokoladenaufsätze für üppige Torten und Kuchen, die vor allem bei festlichen Anlässen wie etwa Hochzeiten der Tafel einen besonderen Glanz verleihen.

Zunächst eine **Unterlage** aus Kuvertüre herstellen. Dafür die Kuvertüre temperieren und dünn auf Backpapier aufstreichen. Wenn die Kuvertüre fest wird, mit einem Ausstecher einen Kreis in die Platte einstechen. Backpapier darauf legen, die Platte wenden und mit einem Blech beschweren, damit sie sich nicht wellt.

Für den **Aufsatz** nach Belieben fünf bis acht Teile herstellen, dabei darauf achten, dass genügend rechte und linke Teile entstehen. Für jedes Teil die Vorlage unter feste Klarsichtfolie legen. Etwas von der temperierten Kuvertüre abnehmen, in eine Tasse füllen und mit ein paar Tropfen Rum verrühren (andicken). Aus einem Pergamentpapierdreieck eine vorne geschlossene Tüte drehen und das oben überstehende Ende nach innen knicken. Die Kuvertüre einfüllen, die Tüte vorsichtig zusammenfalten, sodass die Luft entweicht. Dann vorne die Spitze klein abschneiden und die Konturen mit einem dünnen Schokofaden nachziehen. Die restliche Kuvertüre mit flüssiger Kakaobutter verdünnen, ebenfalls in eine Spritztüte füllen und die Konturen damit auslassen. Wenn die Kuvertüre angezogen hat, das Motiv mit Klarsichtfolie oder Backpapier abdecken, wenden und nur leicht (!) beschweren. Erst wenn die Kuvertüre vollständig ausgehärtet ist, die Folie vorsichtig abziehen.

Vor dem **Zusammensetzen** am besten aus Styropor oder Holz passende Stützen zuschneiden. Zunächst ein rechtes und linkes Schokoladenornament gegenüber auf der Kuvertüreplatte aufstellen und mit etwas Kuvertüre auf der Platte festkleben. Die Schokoladenornamente mit dem Styropor stützen, sodass sie senkrecht stehen. Die Kuvertüre anziehen lassen und mit den nächsten Ornamenten in gleicher Weise verfahren. Am besten die Stellen, an denen sich die Teile berühren, auch mit einem kleinen Punkt Kuvertüre befestigen.

1

Unterlage herstellen

Mit einem Ausstecher aus der halbfesten Kuvertüreplatte eine Unterlage für den Schokoladenaufsatz ausstechen.

2

Kuvertüre andicken

Einen Teil der temperierten Kuvertüre abnehmen, in eine kleine Tasse geben und mit ein paar Tropfen Rum andicken.

3

Konturen nachziehen

Die angedickte Kuvertüre in eine Spritztüte füllen und die Konturen der Vorlage auf der Folie vorsichtig nachziehen.

4

Konturen auslassen

Mit einer Spritztüte anschließend die Konturen mit Kuvertüre, die mit Kakaobutter verdünnt wurde, fein ausfüllen.

5

Folie abziehen

Die halbfesten Ornamente umdrehen, beschweren und vollständig fest werden lassen. Erst dann die Folie abziehen.

6

Aufsatz zusammenstecken

Die Ornamente nacheinander mit etwas gestockter Kuvertüre und einer Spritztüte senkrecht auf die Unterlage kleben.

Schokoladenblätter

Schokoblätter können als Dekor für Schokoladenrosen oder für Schokoladenbonbonnieres genutzt werden. Je nach Belieben verwendet man dafür helle, Vollmilch- oder dunkle Kuvertüre. Am besten eignen sich Blätter mit ausgeprägter Blattstruktur wie Ilex-, Zitrus- oder Weinblätter. Mit etwas Übung kann man aber auch von anderen Blattarten einen Schokoladenabdruck nehmen.

Um eine schöne Struktur des Schokoladenblattes zu erhalten, empfiehlt es sich, die Rückseite der Blätter zu verwenden. Die Blattrückseite mit Watte abreiben, damit eine saubere und glatte Oberfläche entsteht. Die gewünschte Kuvertüre temperieren. Das Blatt mit der Rückseite nach oben auf einen mit Backpapier ausgelegten Untergrund legen. Den Pinsel in die Kuvertüre eintauchen und das Blatt dünn einstreichen. Vorsichtig die Blattränder säubern, damit später das Blatt von der Schokolade wieder sauber abgezogen werden kann. Hat die Kuvertüre angezogen, diesen Vorgang noch ein- bis zweimal wiederholen. Bei Blättern mit einer starken Mittelrippung diese Stelle nochmals extra mit dem Pinsel nachziehen, damit die Blätter hier nicht brechen. Die fertig eingestrichenen Blätter für 5 Minuten in den Kühlschrank stellen. Zum Schluss die Blätter am Stängel festhalten und vorsichtig abziehen.

1

Blätter säubern

Feste Blätter, z. B. von Ilex, Zitrus oder Weinrebe, mit etwas Watte abreiben, damit eine saubere Oberfläche entsteht.

2

Kuvertüre auftragen

Mit einem feinen Zeichenpinsel die temperierte Kuvertüre von innen nach außen mehrmals aufstreichen.

3

Schokoblätter abziehen

Sobald die Kuvertüre kalt und fest ist, die Blätter am Stängel festhalten und vorsichtig abziehen.

Schokoladenrosen

Für die Schokomodelliermasse 500 g dunkle Kuvertüre (am besten 50 Prozent Kakaobestandteile) auflösen und auf 40 °C abkühlen lassen. 150 g Glukose mit 75 bis 100 g Läuterzucker (Zucker und Wasser zu gleichen Teilen aufkochen, Schaum mit einem Teesieb abnehmen) mischen und ebenfalls auf 40 °C erwärmen. Nach und nach etwas von diesem Sirup unter die aufgelöste Kuvertüre rühren. Dabei darauf achten, dass die Kuvertüre nicht schaumig gerührt wird. Die Kuvertüremasse etwa 3 cm hoch in ein Blech füllen, glatt streichen und mit Klarsichtfolie abdecken. Am nächsten Tag in Würfel schneiden und mit den Händen oder kurz mit dem Knethaken in der Maschine zu einem glatten Teig verkneten. Diese Modelliermasse kann man auch auf Vorrat herstellen, in Klarsichtfolie einschlagen und in einer luftdicht verschlossenen Dose aufbewahren.

Zur Herstellung der **Schokorosen** die Modelliermasse zwischen zwei dickeren Folien dünn ausrollen und Kreise ausstechen. Mit etwas übrigem Schokoteig einen kegelförmigen Blütenstempel modellieren. Diesen in den ersten Schokoladenkreis einrollen, die Enden dabei etwas nach außen biegen. Weitere Schokoladenkreise mit dem Daumen in der Handinnenseite so bearbeiten, dass sie eine ovale Blattform bekommen. Diese Blätter immer versetzt anlegen, sodass die Mitte des neuen Blattes jeweils auf dem Ende des vorherigen liegt. Beim zweiten sowie jedem weiteren Blatt jeweils beide Seiten nach außen biegen. Auf diese Weise nach Belieben fünf- bis siebenblättrige Rosen modellieren. Die fertigen Rosen für etwa 15 Minuten in das Tiefkühlgerät stellen.

Für den **Schokoladensamt** die Rosen mithilfe einer Lackierpistole bzw. eines -kompressors (Baumarkt) mit Schokolade besprühen. Dafür eine flüssige Mischung aus je 50 Prozent Kuvertüre und Kakaobutter einfüllen und auf die gekühlten Rosen sprühen. Um glänzende Rosen zu erhalten, die Rosen vorher nicht kalt stellen und mit einem Gemisch aus 70 Prozent Kuvertüre und 30 Prozent Kakaobutter besprühen. Es empfiehlt sich, im Sprühbereich alles mit Folie abzudecken oder sich aus einem großen Karton einen Sprühkasten zu bauen.

1

Zuckermischung

Glukose mit dem Läuterzucker in einem kleinen Topf mischen und auf 40 °C erwärmen, dann langsam zur Kuvertüre geben.

2

Schokoteig gut rühren

Die Mischung aus Kuvertüre und Glukose-Läuterzucker mit einem Teigschaber gut, aber nicht schaumig rühren.

3

Masse zu Teig kneten

Am nächsten Tag die Schokomasse in Würfel schneiden und mit den Händen oder den Knethaken glatt verkneten.

4

Kreise ausstechen

Aus der Kuvertüreplatte mit einem Ausstecher (oder Glas) Kreise von etwa 4 cm Durchmesser ausstechen.

5

Rosen modellieren

Zunächst einen kegelförmigen Blütenstempel modellieren, dann je vier bis sechs Schokokreise als Blätter darumlegen.

6

Rosen »mattieren«

Für einen samtig-matten Überzug die gekühlten Rosen mit einer Lackierpistole mit Schokomasse besprühen.

Marmorierte Schokostäbe

Marmorierte Schokostäbe eignen sich sehr gut, um daran Schokoladenrosen und -blätter festzukleben. Statt runder Stäbe kann man auch viereckige Stäbe herstellen oder auf einem Blech marmorierte Platten gießen, um darauf z.B. Pralinen anzurichten. Zum Gießen runder Schokostäbe eignen sich am besten dünne Plastikrohre oder hohle Papprollen (Bürobedarf), die man mit einem Sägemesser halbiert und dann jeweils mit einer festeren Alufolie auslegt. Damit die Folie gut am Rohr klebt, dieses vorher mit etwas Öl bepinseln.

Als Erstes werden die halbierten Rohre mit Schokoladenstückchen gefüllt, wofür sich z.B. Milka Alpenmilch oder Milka Weiße Schokolade gut eignet. Ein Blech über dem Wasserbad erwärmen. Die halbierten, mit Alufolie eingeschlagenen Röhren auf das Blech legen und darauf erwärmen. Dann die Schokoladenstücke in die erwärmten Aluröhren legen und so lange schmelzen, bis sie sich direkt an die runden Wände angeschmiegt haben. Für schmalere Schokosäulen werden mit einem Pinsel kleine Kuvertüretupfen in die Halbröhren gesetzt. Dann die Röhrenhälften zusammensetzen und mit Klebefilm zusammenkleben. Von unten mit Folie verschließen.

Weiße (oder Vollmilch-) und etwas dunkle Kuvertüre getrennt temperieren. Die weiße Kuvertüre in einen Messbecher füllen und die dunkle Kuvertüre darauf geben. Die Kuvertüren aus dem Messbecher in die vorbereitete Röhre gießen. Die Stäbe aushärten lassen. Zum Öffnen an den Nahtstellen mit einem scharfen Messer den Klebefilm trennen und die Röhre aufklappen.

1

Schokolade einfüllen

Die zerkleinerten Schokoladensorten in die vorbereiteten Röhren setzen und die Röhren mit Klebefilm verschließen.

2

Kuvertüre eingießen

Die temperierten Kuvertüresorten aus dem Messbecher oben in die Röhren gießen, die Stäbe aushärten lassen.

3

Stäbe herauslösen

Die Röhren seitlich öffnen und die erkalteten marmorierten Schokostäbe herausnehmen.

4

Fertige Marmorstäbe

Die Marmorstäbe kann man z.B. in Scheiben schneiden und als Dekoration für Kuchen und Torten verwenden.

Kakaomalerei

Ein besonderes Highlight der Schokoladenkunst ist das Malen mit Schokoladenfarben auf einer Marzipanunterlage. Auf diese Weise kann man z. B. auch Schilder mit Inschriften für festliche Gelegenheiten herstellen.

Für die **Marzipanunterlage** wird Marzipanrohmasse mit Puderzucker im Verhältnis 2:1 zu einem Teig verknetet. Marzipanteig zwischen zwei Klarsichtfolien so dünn ausrollen, dass man eine Vorlage darunter deutlich erkennen kann. Platte über Nacht trocknen lassen. Am nächsten Tag die ausgewählte Vorlage unter die Platte legen. Die Platte mit etwas flüssiger Kakaobutter bepinseln.

Für die **Schokoladenmalfarben** Blockkakao bzw. Kakaomasse (Kuvertüre ohne Zucker, vom Konditor) mit ein paar Tropfen Öl verdünnen. Alternativ kann man für Schokoladenmalfarben fettlösliche Pigmentfarben mit flüssiger Kakaobutter anrühren. Das Bild mit den Farben auf der Marzipanplatte nachmalen, wenn es fertig ist und die Kakaofarben völlig angezogen haben, mit Backpapier oder einer stabilen Folie abdecken, wenden und über Nacht vollständig trocknen lassen. Am nächsten Tag die Rückseite des Bildes von Folie befreien und mit Puderzucker bestäuben. Wieder eine Folie auflegen und das Bild umdrehen, sodass es sich auf der Folie bewegen lässt. Backpapier oder Folie von oben entfernen.

Zur **Stabilisierung** wird die Rückseite des Bildes nochmals mit weißer Kuvertüre dünn beschichtet: Dafür die weiße Kuvertüre temperieren und auf eine Folie aufstreichen. Das Bild vorsichtig auf die Kuvertürefläche schieben, wieder mit Folie bedecken, wenden und mit einem Blech beschweren, damit sich die Platte nicht wellt. Nach etwa 1 Stunde ist die Schokolade hart, dann das Blech entfernen, das fertige Bild umdrehen und die Folie von der Oberfläche abziehen.

1 Marzipan anwirken

Das Marzipan mit Puderzucker »anwirken«, d.h. im Verhältnis 2:1 mit den Händen zu einem glatten Teig verkneten.

2 Marzipanteig ausrollen

Den Marzipanteig auf einer mit Puderzucker bestreuten Arbeitsfläche mit dem Nudelholz dünn ausrollen.

3 Vorlage unterlegen

Am nächsten Tag die ausgerollte und zugeschnittene Marzipanplatte vorsichtig auf die Malvorlage legen.

4 Marzipan einpinseln

Die Marzipanplatte mit etwas flüssiger Kakaobutter einpinseln, so lassen sich Fehler beim Malen leichter korrigieren.

5 Marzipanplatte bemalen

Auf der Marzipanplatte die verschiedenen Schokoladenfarben mit einem Zeichenpinsel auftragen.

6 Kakaobild fertig stellen

Die Rückseite des Bildes wird am nächsten Tag nochmals mit einer dünnen Schicht weißer Kuvertüre stabilisiert.

Zarte Schokoladen-Verführungen

Himbeerpralinen mit Luflée Joghurt

Für die **Hohlkörper** rote Farbe mit aufgelöster Kakaobutter nach und nach anrühren. Farbmischung auf 40 °C erwärmen, Form damit dünn aussprühen oder auspinseln. Dann mit weißer Kuvertüre ausgießen.

Für den **Canache** (Sahne-Schoko-Emulsion) die Milka Schokoladen zerkleinert in eine Schüssel geben, die Glukose in die Mitte gießen. Sahne, Himbeerpüree und Johannisbeersaft aufkochen. Die Sahne nach und nach zur Schokolade gießen. Jeweils kurz warten, dann mit einem Teigschaber von der Mitte aus in kleinen Kreisen rühren, bis ein matt glänzender Canache entstanden ist. Auf 30 °C abkühlen, Himbeergeist hinzufügen, mit dem Stabmixer vermischen. Mit der Spritztüte etwas Canache einfüllen, kleine Stücke Milka Luflée Joghurt einlegen und nochmals mit Canache auffüllen. Über Nacht anziehen lassen.

Am nächsten Tag die Pralinen zum **Verschließen** mit der übrigen temperierten weißen Kuvertüre bedecken. Die Form für 5 Minuten in das Tiefkühlgerät stellen, dann herausnehmen und die Pralinen durch Aufklopfen auf den Tisch aus der Form stürzen. Die Himbeerpralinen am besten kühl und luftdicht verschlossen aufbewahren.

Zutaten

Für ca. 70 Pralinen:
rote Pigmentfarbe, Kakaobutter
200 g weiße Kuvertüre
250 g Milka Zartherb
50 g Milka Alpenmilch
30 g Glukose, 100 g Sahne
150 ml Himbeerpüree
(10 Prozent Zuckergehalt)
50 ml Johannisbeersaft
1,5 cl Himbeergeist
Milka Luflée Joghurt

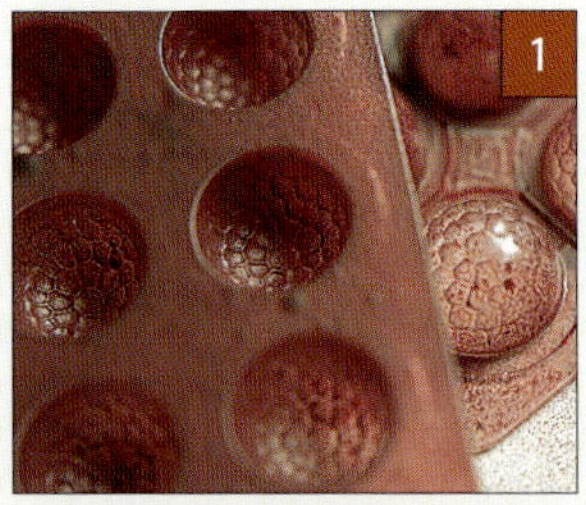

1

Pralinenform aussprühen

Pralinenform mit rot gefärbter Kakaobutter mit einer Lackierpistole besprühen oder mit dem Küchenpinsel ausstreichen.

2

Mit Kuvertüre ausgießen

Ist die rote Farbmischung angezogen und fest, die Form nochmals mit temperierter weißer Kuvertüre ausgießen.

3

Form ausleeren

Die Form vorsichtig umdrehen, damit die weiße Kuvertüre ablaufen kann, überschüssige Kuvertüre für später aufheben.

4

Form säubern

Bevor die Kuvertüre ganz anzogen hat, die Form wieder umdrehen und mit dem Spachtel sauber abkratzen.

5

Pralinen füllen

Pralinen mit Canache und Milka Luflée Joghurt füllen, dafür am besten nur den luftigen weißen Joghurtanteil verwenden.

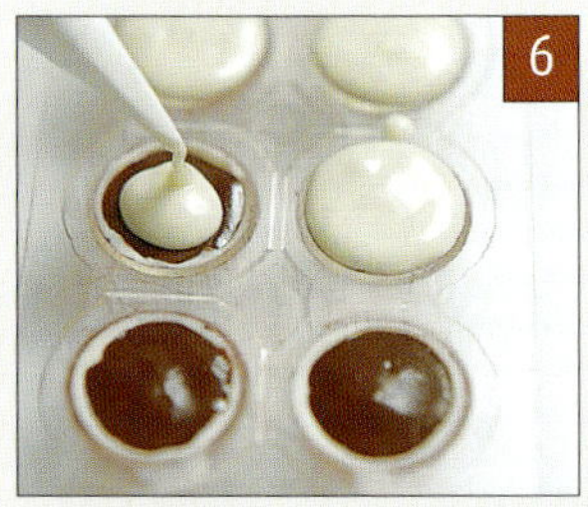

6

Deckel aufsetzen

Am nächsten Tag die Pralinen mit temperierter weißer Kuvertüre verschließen und mit einer Palette glatt streichen.

Eierlikör-Pralinen

Für den **Eierlikör** Läuterzucker herstellen: Den Zucker mit 100 ml Wasser aufkochen. Kurz bevor die Zuckerlösung kocht, den Schaum und die sich absetzenden Verunreinigungen mit einem Teesieb abnehmen. Dann gut durchkochen lassen und vom Herd ziehen. 35 g Glukose hinzufügen und den Zuckersirup abkühlen lassen. Das Eigelb in einer Schüssel mit den Quirlen des Handrührgeräts weißschaumig aufschlagen. Zuerst Cognac und Alkohol, danach die abgekühlte Zuckerlösung langsam in dünnem und gleichmäßigem Strahl einlaufen lassen. Zum Schluss das ausgekratzte Vanillemark unterrühren. Mithilfe eines Pralinentrichters oder eines Spritzbeutels die Vollmilch-Pralinenhohlkugeln zu einem Drittel mit dem selbst gemachten Eierlikör füllen.

Für den **Vollmilch-Canache** die Alpenmilch in feine Stücke brechen und in eine Schüssel geben, die restliche Glukose dazugießen. Die Sahne aufkochen und mit einem Schöpflöffel etwas heiße Sahne in die Mitte der Schokolade gießen. Kurz warten, dann mit dem Teigschaber von der Mitte aus in kleinen Kreisen rühren. Wieder etwas heiße Sahne hinzufügen und von der Mitte aus rühren. So weiter verfahren, bis ein matt glänzender, emulgierter Canache entstanden ist. Beim Rühren darauf achten, dass nicht zu viel Luft in den Canache gearbeitet wird, weil sie die Haltbarkeit der Pralinen verkürzt. Mit dem Canache die Pralinenhohlkörper mithilfe des Pralinentrichters oder einer Papiertüte bis kurz unter den Rand auffüllen. Die Pralinen über Nacht stehen lassen, damit sich eine dünne Haut auf dem Canache bildet.

Am nächsten Tag etwas von der Vollmilch-Kuvertüre temperieren, in eine Spritztüte füllen und damit die Pralinen verschließen. Zum **Überziehen** (»Trempieren«) die restliche Vollmilch-Kuvertüre temperieren. Überzogen wird jeweils von links nach rechts mit zwei Pralinengabeln. Mit einer Gabel die Praline in die Kuvertüre tauchen und auf ein Gitter legen. Sobald die Kuvertüre anzieht, die Gabel auf die Praline legen und sie auf dem Gitter von links nach rechts rollen. Danach von oben nach unten rollen. Nun mit der zweiten Gabel in der linken Hand übergreifen und die Praline von rechts nach links auf die erste Pralinengabel in der rechten Hand rollen, dann auf ein Backpapier abrollen lassen. Die Pralinen kühl und luftdicht verschlossen aufbewahren.

Zutaten

Für ca. 63 Pralinen:
100 g Zucker
55 g Glukose
5 Eigelb (ca. 100 g)
1 cl Cognac
2,5 cl Alkohol (96 Prozent)
ausgekratztes Mark von 1/2 Vanilleschote
ca. 63 Vollmilch-Pralinenhohlkugeln
250 g Milka Alpenmilch
250 g Sahne
600 g Vollmilch-Kuvertüre

Tipp:

Für das Überziehen von Pralinen sollte die Kuvertüreschüssel immer schräg gestellt sein, sodass der Kuvertürespiegel auf die Höhe der Schüsselkante eingestellt ist. Wenn die Pralinengabel auf der Schüssel liegt, wird sie so von der Kuvertüre getragen.

»Kuhflecken«-Pralinen

Für die **weißen Flecken** die weiße Kuvertüre fein hacken, im Wasserbad bis 40 °C auflösen und dann auf 29 °C temperieren. Die Kuvertüre in eine Spritztüte füllen und damit weiße Flecken in die Pralinenformen spritzen. Die Vollmilch-Kuvertüre fein hacken und im Wasserbad bis 44 °C auflösen, dann auf 30 °C temperieren und in die Formen füllen. Die ganze Form mit einem Schwung umdrehen und auf ein Gitter legen, damit die Kuvertüre wieder herauslaufen kann, überschüssige Kuvertüre auffangen. Bevor die Kuvertüre fest ist, Form wieder umdrehen. Die Papierstiele auflegen und die überstehende Kuvertüre mit einem Spachtel abkratzen.

Für den **Canache** die Milka Schokoladen in sehr kleine Stücke brechen, in eine Schüssel geben. Sahne aufkochen, mit einem Schöpflöffel etwas davon in die Mitte der Schokoladen gießen. Kurz warten, dann mit dem Teigschaber von der Mitte aus in kleinen Kreisen vorsichtig rühren. Wieder etwas heiße Sahne hinzufügen und von der Mitte aus rühren. So weiter verfahren, bis ein gleichmäßiger, matt glänzender Canache entstanden ist. Dabei nicht zu viel Luft in den Canache rühren. Canache einfüllen, die Pralinen über Nacht stehen lassen. Am nächsten Tag die übrige Vollmilch-Kuvertüre nochmals temperieren und die Pralinen damit verschließen. Die Form leicht auf den Tisch aufklopfen, damit sich die Kuvertüre besser verteilt. Kühl und gut verschlossen aufbewahren.

Zutaten

Für ca. 20 Pralinen:
60 g weiße Kuvertüre
250 g Vollmilch-Kuvertüre
250 g Milka Alpenmilch
100 g Milka Zartherb
250 g Sahne, 100 g Glukose

1 Kuhflecken aufspritzen

Mit der temperierten Kuvertüre kleine Flecken (oder auch spiegelverkehrte Buchstaben) in die Formen setzen.

2 Pralinenformen ausgießen

Die temperierte Kuvertüre mit einem Schöpflöffel in die Form mit den weißen Flecken füllen, dann Form umdrehen.

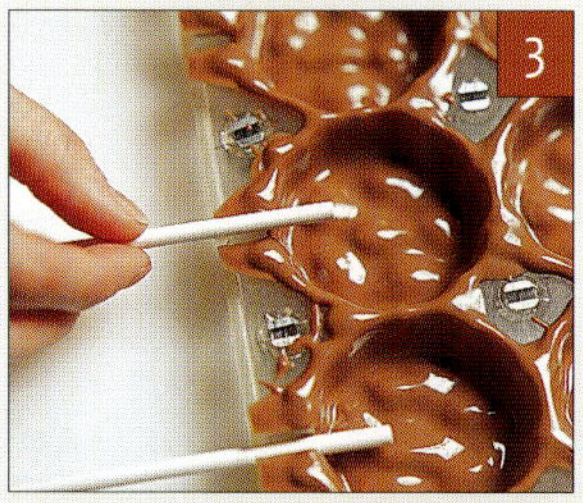

3 Pralinenstiele auflegen

Die Papierstiele in die Ränder der Formen drücken, nachdem die überflüssige Kuvertüre abgelaufen ist.

4 Pralinen füllen

Den Canache in einen Spritzbeutel mit kleiner Lochtülle füllen und bis 1,5 mm unter den Rand einfüllen.

5 Pralinen verschließen

Am nächsten Tag die Pralinen mit der übrigen temperierten Vollmilch-Kuvertüre verschließen und fest werden lassen.

Zitronengras-Trüffel

Für die **Füllung** Zitronengras und -blatt sehr fein hacken, mit der Sahne aufkochen, über Nacht ziehen lassen. Am nächsten Tag die Milka Schokoladen in feine Stücke brechen und in eine Schüssel geben, die Glukose dazugießen. Die Sahnemischung aufkochen und mit dem Mixstab pürieren. Durch ein Haarsieb passieren und 400 ml abmessen, nötigenfalls mit Sahne auffüllen und nochmals aufkochen. Mit einem Schöpflöffel etwas heiße Sahne in die Mitte der Schokoladen gießen. Kurz warten, dann mit einem Teigschaber von der Mitte aus in kleinen Kreisen rühren. Wieder etwas heiße Sahne hinzufügen und von der Mitte aus rühren. So weiter verfahren, bis ein matt glänzender, emulgierter Canache entstanden ist. Beim Rühren nicht zu viel Luft in den Canache einarbeiten, sonst ist die Haltbarkeit der Pralinen verkürzt. Den Canache auf 40 °C abkühlen lassen, dann den Wodka und das ätherische Öl dazugeben. Den Canache auf ein Blech gießen und mit Klarsichtfolie abdecken. Am nächsten Tag mit einem Spritzbeutel (9er-Lochtülle) kleine Canache-Kugeln auf Backpapier setzen, etwas fest werden lassen, mit den Händen nochmals rund nachdrehen.

Zum **Überziehen** (»Trempieren«) die dunkle Kuvertüre temperieren. Zuerst etwas Kuvertüre in die Hand geben und darin die Pralinenkugeln nacheinander vorsichtig rollen. Auf einem Backpapier ablegen. Zum Überziehen die Kuvertüreschüssel schräg stellen, sodass der Kuvertürespiegel auf Kantenhöhe der Schüssel liegt und die Pralinengabel von der Kuvertüre getragen wird. Beim Überziehen von links nach rechts arbeiten. Mit einer Rundgabel jeweils die Praline in die Kuvertüre tauchen, auf einem Gitter ablegen, dann die Pralinen »igeln«: Sobald die Kuvertüre etwas anzieht, mit der Gabel den Trüffel auf dem Gitter hin und her rollen, dabei entstehen die Spitzen. Ist der Überzug ganz fest, mit einem Finger von unten gegen das Gitter drücken und die Trüffel lösen. Die Zitronengras-Trüffel luftdicht verschlossen und kühl am besten in einer Dose aufbewahren.

Zutaten

Für ca. 50 Pralinen:
45 g Zitronengras
1/2 Zitronenblatt
250 g Sahne
200 g Milka Zartherb
200 g Milka Alpenmilch
25 g Glukose
1,5 cl Wodka
3 Tropfen Zitronengrasöl
500 g dunkle Kuvertüre (60/40)

Tipp:

Glukose ist ein Sirup, er ist auch als Bonbonsirup oder Kapillarsirup im Fachhandel erhältlich (Bezugsadressen siehe Seite 119). Man mischt die geschmolzene Kuvertüre mit Glukosesirup, damit der beim Schmelzen der Schokolade mit aufgelöste Schokoladenzucker beim Abkühlen nicht auskristallisiert.

Walnuss-Nougat-Pralinen

Zur Herstellung der **Walnusshohlkörper** die dunkle und die Vollmilch-Kuvertüre getrennt temperieren. Mit der dunklen Kuvertüre die einzelnen Walnussformen dünn auspinseln, so werden die Konturen der Schalen betont. Die Kuvertüre anziehen lassen. Dann mit einer Spritztüte die temperierte Vollmilch-Kuvertüre in jede einzelne Halbschale füllen. Die Form leicht aufklopfen, so können sich eventuelle Luftblasen lösen. Die Form über der Kuvertüreschüssel in einem Schwung umdrehen, damit die Kuvertüre auslaufen kann, Kuvertüre auffangen. Wenn die Kuvertüre abgelaufen ist, die Form auf ein Gitter oder zwischen zwei Schienen, unter denen sich Backpapier befindet, legen. Sobald die Kuvertüre anzieht, die Form umdrehen und mit einem Spachtel oder einer scharfen Palette die überstehenden Kuvertüreränder abschaben. Die Walnusshälften aushärten lassen.

Für den **Canache** die Walnüsse fein hacken. Die Butter in einem Topf aufschäumen und die Walnüsse darin leicht anschwitzen. Milch aufgießen, Vanillezucker und Salz hinzufügen und alles aufkochen. Das Nougat klein schneiden, die Milka Noisette in kleine Stücke brechen, beides in eine Schüssel geben. Mit einem Schöpflöffel nach und nach die Walnussmilch in die Mitte der Schokoladen gießen. Jeweils kurz warten, dann mit einem Teigschaber von der Mitte aus in kleinen Kreisen rühren, bis sich ein matt glänzender Canache gebildet hat. Wenn der Canache 30 °C erreicht hat, die Spirituosen hinzufügen. Mithilfe einer Spritztüte den Canache bis 1 mm unter den Rand füllen. Über Nacht den Canache anziehen lassen.

Am nächsten Tag zum **Verschließen** der Pralinen die restliche Vollmilch-Kuvertüre temperieren. Jeweils etwas Kuvertüre über die gefüllten Walnüsse gießen und mit einer Palette verteilen. Dabei gleichzeitig überschüssige Kuvertüre abstreifen. Die Form für 5 Minuten in das Tiefkühlgerät stellen, herausnehmen und durch Aufklopfen auf den Tisch die Pralinen aus der Form stürzen. Nach Wunsch je zwei Walnusshälften zusammensetzen. Dafür je eine Hälfte auf einer erwärmten Metallplatte kurz anschmelzen und dann zusammenkleben. Die Walnuss-Nougat-Pralinen kühl und gut verschlossen lagern.

1

Förmchen einpinseln

Die Form zuerst mit temperierter dunkler Kuvertüre dünn auspinseln, dann mit Vollmilch-Kuvertüre ausgießen.

2

Füllung glatt streichen

Zum Verschließen jeweils etwas temperierte Vollmilch-Kuvertüre auf die Walnusshälften geben und glatt streichen.

3

Pralinen aus der Form lösen

Die Form aus dem Tiefkühlgerät nehmen und die Pralinen durch leichtes Klopfen auf den Tisch aus der Form stürzen.

Zutaten

Für ca. 50 Walnusshälften:
50 g dunkle Kuvertüre (60/40)
200 g Vollmilch-Kuvertüre
30 g Walnusskerne
60 g Butter, 220 ml Milch
1 g Vanillezucker, 1 Prise Salz
270 g Nuss-Nougat
125 g Milka Noisette
1 cl Amaretto, 1 cl Rum
1 cl Birnengeist

Bellini-Trüffel

Zum Herstellen der **Melodienform** 50 g Vollmilch- und die dunkle Kuvertüre getrennt temperieren. Die Vollmilch-Kuvertüre in eine Papierspritztüte mit kleiner Öffnung füllen und die Musikinstrumente wie hier die Harfe damit ausspritzen. Hat die Kuvertüre angezogen, mit einer großen Spritztüte die dunkle Kuvertüre in jede einzelne Halbschale füllen. Die Form leicht aufklopfen, so können sich eventuell auftretende Luftblasen lösen. Die Form über der Kuvertüreschüssel in einem Schwung umdrehen, damit überschüssige Kuvertüre auslaufen kann, überschüssige Kuvertüre auffangen. Wenn die Kuvertüre herausgelaufen ist, die Form auf ein Gitter oder zwischen zwei Schienen, unter denen sich Backpapier befindet, legen. Sobald die Kuvertüre anzieht, die Form wieder umdrehen und mit einem Spachtel oder einer scharfen Palette die überstehenden Kuvertüreränder abschaben. Die Pralinekörper aushärten lassen.

Zutaten

Für ca. 63 Pralinen:
550 g Vollmilch-Kuvertüre
250 g dunkle Kuvertüre (70/30)
180 ml weißes Pfirsichpüree (10 Prozent Zuckergehalt)
30 g Zucker, 4,5 g Apfelpektin
10 g Zitronensaft
60 g zimmerwarme Butter
175 g Sahne
80 g Glukose
170 g Champagner
35 g Alkohol (96 Prozent)

Für das **Pfirsichgelee** das Püree aufkochen. Inzwischen Zucker mit Apfelpektin gut vermischen und unter Rühren nach und nach in das Pfirsichpüree geben. Aufkochen, vom Herd ziehen, Zitronensaft dazugeben. Das Gelee in eine Schüssel füllen und am besten auf Eis kalt rühren. Wenn die Temperatur 28 °C erreicht hat, mit dem Gelee die Pralinen mithilfe eines Spritzbeutels zu einem Drittel füllen. Dann etwa 5 Stunden stehen lassen, bis das Gelee eine Haut gezogen hat.

Für den **Canache** die restliche Vollmilch-Kuvertüre sehr fein hacken. Die zimmerwarme Butter in kleinen Flocken über die Kuvertüre geben. Die Sahne mit Glukose aufkochen, dann etwas davon über die Kuvertüre-Butter-Mischung gießen. Kurz warten, dann mit einem Teigschaber von der Mitte aus in kleinen Kreisen rühren. Wieder etwas heiße Sahne hinzufügen. So weiter verfahren, bis ein matt glänzender, emulgierter Canache entstanden ist. Vorsichtig rühren, ohne zu viel Luft in den Canache zu rühren. Hat sich die ganze Kuvertüre aufgelöst und die Masse eine Temperatur von etwa 28 °C erreicht, esslöffelweise den Champagner dazugeben. Zum Schluss Alkohol hinzufügen. Canache mit Spritztüte oder Pralinentrichter vorsichtig bis 1 mm unter den Rand auf das Gelee füllen. Pralinen über Nacht stehen lassen.

Am nächsten Tag zum **Verschließen** der Pralinen die übrige dunkle Kuvertüre temperieren. Mit einer Spritztüte auf die Pralinenkörper geben, mit Palette oder Spachtel glatt streichen, dabei vorsichtig streichen, weil der Canache nicht sehr fest ist. Die Form für 5 Minuten in das Tiefkühlgerät stellen, herausnehmen und die Pralinen durch leichtes Aufklopfen auf den Tisch lösen. Die Pralinen kühl und luftdicht verschlossen aufbewahren.

Tipp:

Der 96-prozentige Alkohol ist in Apotheken erhältlich. Die genaue chemische Bezeichnung lautet Ethanol-Wasser-Gemisch; in der Küchensprache sagt man meist auch Weingeist.

Kokospralinen

Für den **Canache** die weiße Schokolade fein zerkleinern und in eine Schüssel geben, Honig hinzufügen. Die Kokosmilch aufkochen, aufpassen, dass sie nicht anbrennt. Die heiße Kokosmilch nach und nach in die Mitte der weißen Schokolade gießen. Jeweils kurz warten, dann mit dem Teigschaber von der Mitte aus kreisförmig rühren. Zum Schluss Kokoslikör und Muskatnuss dazugeben. Den Canache mit dem Stabmixer gut vermischen, dabei den Mixer schräg halten, damit sich keine Luftglocke darunter bildet und Luft in den Canache eingearbeitet wird. Canache in weiße Pralinenhohlkugeln füllen. Pralinen über Nacht stehen lassen, damit sich auf dem Canache eine dünne Haut bildet.

Zum **Verschließen** am nächsten Tag die weiße Kuvertüre temperieren, in einen kleinen Spritzbeutel geben und die Pralinenkörper damit verschließen. Haben die Deckel leicht angezogen, etwas temperierte Kuvertüre in eine Hand geben, eine Praline darauf setzen und sie kurz zwischen den Händen rollen, damit sich die Kuvertüre dünn um die Pralinen verteilt. Dann auf ein Blech mit Kokosflocken und sehr fein gehacktem Orangeat setzen und durch Rütteln darin wälzen. Die Pralinen kühl und luftdicht verschlossen aufbewahren.

Zutaten

Für ca. 63 Pralinen:
280 g Milka Weiße Schokolade
20 g Akazienhonig
400 ml Kokosmilch
2 cl Kokoslikör
1 Prise geriebene Muskatnuss
ca. 63 weiße Pralinenhohlkugeln
350 g weiße Kuvertüre
Kokosraspel und Orangeat

1 Kokosmilch dazugeben

Mit einem Schöpflöffel etwas von der heißen Kokosmilch in die Mitte von weißer Schokolade und Honig geben.

2 Gut verrühren

Es wird immer aus der Mitte heraus in kleinen Kreisen mit dem Teigschaber gerührt, damit sich alles gut verbindet.

3 Mit dem Mixer emulgieren

Zum Schluss mit dem Stabmixer vermischen. Den Mixer schräg halten, damit sich darunter keine Luftglocke bildet.

4 Creme in die Pralinen füllen

Die Canache-Creme mit einem Pralinentrichter oder Spritzbeutel in weiße Pralinenhohlkugeln füllen.

5 Deckel aufsetzen

Weiße Kuvertüre im Wasserbad auflösen, auf 29 °C temperieren und mit einem Spritzbeutel auf die Kugeln spritzen.

6 In Kokosraspeln wälzen

Pralinen mit temperierter Kuvertüre überziehen und in Kokosraspeln und sehr fein gehacktem Orangeat wälzen.

Knuspertrüffel »Pharisäer«

Zum Herstellen der **Hohlkörper** die dunkle Kuvertüre temperieren und damit die ovalen Pralinenformen dünn auspinseln. Hat die Kuvertüre angezogen, mit einer Spritztüte die restliche temperierte dunkle Kuvertüre einfüllen. Die Form leicht aufklopfen, so können sich eventuell auftretende Luftblasen lösen. Die Form über der Kuvertüreschüssel in einem Schwung umdrehen, damit die überschüssige Kuvertüre auslaufen kann, die Kuvertüre auffangen. Wenn die Kuvertüre abgelaufen ist, die Form auf ein Gitter oder zwischen zwei Schienen, unter denen sich Backpapier befindet, legen. Sobald die Kuvertüre anzieht, die Form umdrehen und mit einem Spachtel oder einer Palette die überstehenden Kuvertüreränder abschaben. Die Pralinenhohlkörper in der Form aushärten lassen.

Für die **Rumfüllung** den Fondant mit dem Rum anrühren. Mit einer Spritztüte oder dem Pralinentrichter die vorbereiteten Formen zu einem Drittel füllen. Die Füllung am besten über Nacht eine Haut ziehen lassen.

Zutaten

Für ca. 63 Pralinen:
300 g dunkle Kuvertüre (7/30)
100 g Fondant
100 g Rum
130 g Milka Sahne-Crème
130 g Milka Café-Crème
20 g Glukose, 200 ml Milch
3 g Instant-Kaffee
1 cl Kaffeelikör
60 g Feuillantine (gebackene, klein gebröselte Hippen; ersatzweise gezuckerte Cornflakes)

Für die **Kaffeefüllung** am nächsten Tag die Milka Schokoladen fein zerkleinern und in eine Schüssel geben. In die Mitte die Glukose gießen. Die Milch aufkochen, vom Herd ziehen und den Instant-Kaffee einrühren. Mit einem Schöpflöffel etwas Kaffeemilch in die Mitte der Schokolade gießen. Kurz warten, dann mit einem Teigschaber von der Mitte aus in kleinen Kreisen rühren. Wieder etwas heiße Milch hinzufügen. So weiter verfahren, bis ein matt glänzender, emulgierter Canache entstanden ist. Beim Rühren darauf achten, dass nicht zu viel Luft in den Canache gearbeitet wird, weil sie die Haltbarkeit der Pralinen verkürzt. Wenn der Canache eine Temperatur von 30 °C erreicht hat, den Kaffeelikör dazugeben. Mit einem Stabmixer den Canache nochmals gut vermischen. Den Canache erst einfüllen, wenn er eine Temperatur von 28 bis 29 °C hat. Mit einer Papiertüte etwas Canache in die Form füllen. Die Hippensplitter einstreuen, dann mit dem Canache bis etwa 1 mm unter den Rand auffüllen. Die Pralinenform etwa 5 Stunden stehen lassen, damit der Canache eine Haut ziehen kann.

Zum **Verschließen** der Pralinen die restliche dunkle Kuvertüre temperieren. Jeweils etwas Kuvertüre mit einer Spritztüte auf die Pralinen geben und mit Palette oder Spachtel vorsichtig glatt streichen. Die Form für 5 bis 7 Minuten in das Tiefkühlgerät stellen. Herausnehmen, umdrehen und durch leichtes Aufklopfen auf den Tisch Pralinen aus der Form stürzen. Wer will, kann auf jede Praline mit einem kleinen Tropfen temperierter Kuvertüre noch eine Schoko- oder Espressobohne kleben. Pralinen kühl und luftdicht verschlossen aufbewahren.

Tipp:

Beim abschließenden Vermischen des Canaches mit dem Stabmixer ist es sehr wichtig, dass man den Stabmixer möglichst schräg hält. Ansonsten kann sich unter dem Mixer eine Luftglocke bilden und vermehrt Luft in den Canache gelangen. Da Luft immer Keime mit sich bringt, verkürzt sich dadurch die Haltbarkeit der Pralinen.

Gold-Carrées mit Passionsfrucht

Für die **Hohlkörper** die dunkle Kuvertüre temperieren und damit die Formen zunächst dünn auspinseln. Das gibt den Pralinen einen besonders schönen Glanz. Ist die Kuvertüre fest, mit einer großen Spritztüte die restliche temperierte dunkle Kuvertüre in den Carrée-Formen verteilen. Form leicht aufklopfen, so können sich Luftblasen lösen. Die Form über der Kuvertüreschüssel in einem Schwung umdrehen, damit die überschüssige Kuvertüre auslaufen kann, die Kuvertüre auffangen. Wenn die Kuvertüre abgelaufen ist, die Form auf ein Gitter oder zwischen zwei Schienen, unter denen sich Backpapier befindet, legen. Sobald die Kuvertüre anzieht, die Form umdrehen und mit Spachtel oder Palette überstehende Kuvertüre abschaben. Form aushärten lassen.

Für den **Canache** weiße Schokolade fein zerkleinern und in eine Schüssel geben. Glukose in die Mitte gießen. Sahne aufkochen, vom Herd ziehen. Mit einem Schöpflöffel etwas Sahne zur Schokolade gießen. Kurz warten, dann mit dem Teigschaber von der Mitte aus in kleinen Kreisen rühren. Wieder etwas heiße Sahne hinzufügen. So weiter verfahren, bis ein matt glänzender, emulgierter Canache entstanden ist. Wenn der Canache 35 °C hat, die weiche Butter in kleinen Stücken hinzufügen. Kurz warten, dann mit dem Stabmixer den Canache emulgieren. Zum Schluss den Wodka dazugeben. Wenn der Canache eine Temperatur von etwa 28 bis 29 °C hat, den Canache zu zwei Drittel in die vorbereiteten Carrée-Formen füllen.

Für die **Fruchtfüllung** den Passionsfruchtcoulis aufkochen. Zucker mit Apfelpektin vermischen, unter Rühren nach und nach in den Passionsfruchtcoulis geben. Alles aufkochen, durch ein Sieb in eine Schüssel passieren und am besten auf Eis kalt rühren. Bei 28 °C das Gelee mit einem Spritzbeutel auf die Canache füllen. Dann warten, bis das Gelee eine leichte Haut gebildet hat.

Am nächsten Tag zum **Verschließen** die restliche dunkle Kuvertüre temperieren. Jeweils etwas Kuvertüre mit einer Spritztüte auf die Pralinen geben und glatt streichen. Pralinen für 5 Minuten in das Tiefkühlgerät stellen, dann aus der Form stürzen. Als Dekor jeweils etwas Blattgold auflegen. Pralinen luftdicht verpackt und kühl aufbewahren.

1

Förmchen füllen

Die Pralinenkörper mit dem weißen Wodka-Canache mithilfe einer Spritztüte zu zwei Drittel füllen.

2

Fruchtcreme einfüllen

Das Passionsfruchtgelee auf 28 °C abkühlen und dann bis kurz unter den Rand in die Carrée-Formen füllen.

3

Blattgold aufsetzen

Als Garnitur kleine Stücke Blattgold mit einer Pinzette auf die ausgehärteten Schokoladen-Carrées setzen.

Zutaten

Für ca. 63 Pralinen:
300 g dunkle Kuvertüre (70/30)
260 g Milka Weiße Schokolade
20 g Glukose
200 g Sahne
30 g zimmerwarme Butter
1,5 cl Wodka
180 ml Passionsfruchtcoulis
30 g Zucker, 12 g Apfelpektin
Blattgold

Schokowaffeln Peanuts & Flakes

Zuerst die Formen säubern. Nötigenfalls mit warmem Wasser reinigen und mit einem fusselfreien Tuch trocken reiben. Dann etwas Watte in Kreidemehl tauchen und die Form damit gut ausreiben, mit einem Wattebausch nachtrocknen. Die saubere Form ist ein wichtiges Kriterium für den Glanz der Pralinen (siehe auch Tipp).

Für die **Hohlkörper** die dunkle Kuvertüre fein hacken und auf dem Wasserbad oder in der Mikrowelle auflösen. Dabei sollte die Kuvertüre 50 °C erreichen. Die dunkle Kuvertüre mit der Tablier- oder Impfmethode auf etwa 27 °C abkühlen. Dann auf die gewünschte Verarbeitungstemperatur von 32 °C temperieren. Mit der temperierten Kuvertüre die einzelnen kleinen Pralinentafeln bzw. -waffeln dünn auspinseln. Ebenso die weiße Kuvertüre auf 40 °C erwärmen und auflösen, dann auf 26 °C abkühlen. Auf eine Verarbeitungstemperatur von 29 °C temperieren. Die weiße Kuvertüre ebenfalls mit einem Pinsel dünn über die dunkle Kuvertüre streichen. Nötigenfalls die Form mit einem Spachtel sauber abkratzen.

Zutaten

Für ca. 50 kleine Waffeln:
100 g dunkle Kuvertüre
100 g weiße Kuvertüre
500 g Vollmilch-Kuvertüre
2 Milka Snack Packs
»Peanuts & Flakes«

Für die **Füllung** die Vollmilch-Kuvertüre temperieren und mit einem Spritzbeutel oder einem Pralinentrichter bis 1 mm unter den Rand füllen. Die Oberfläche mit den »Peanuts & Flakes« dicht belegen. Die Form für 5 bis 7 Minuten in das Tiefkühlgerät stellen. Dann die Schokowaffeln durch leichtes Aufklopfen auf den Tisch aus den Formen stürzen. Waffeln kühl und luftdicht aufbewahren.

Tipp:

Für den Glanz der Pralinen sind die Schmelztemperaturen der Kuvertüren sehr wichtig. Hier gibt es individuelle Unterschiede zwischen den Herstellern: Je nach Walzgrad und Conchierzeit kann die Schmelztemperatur zwischen 50 und 58 °C schwanken. Daneben sind auch die Temperaturen von Raum und Pralinenform nicht unwichtig, optimal wären für beide 20 °C.

Gefüllte Schokoblättchen »Alba«

Für die **Schokoblättchen** 300 g weiße Kuvertüre temperieren und mit einem kleinen Schöpflöffel auf eine Gummimatte mit Löchern gießen. Kuvertüre mit einer Winkelpalette glatt streichen, gleichzeitig überschüssige Kuvertüre abnehmen. Man kann die Kuvertüre auch auf Backpapier aufstreichen und Kreise ausstechen.

Für den **Canache** die weiße Schokolade auflösen, mit Trüffelöl mischen und auf 32 °C temperieren. Butter mit Fondant und Macadamiapaste glatt rühren. Kuvertüre nach und nach in dünnem Strahl dazugeben. Zum Schluss Nusslikör unterrühren. Canache mit einem Spritzbeutel (8er-Lochtülle) auf die Blättchen setzen. Zweites Blättchen auflegen, andrücken. Über Nacht anziehen lassen.

Am nächsten Tag zum **Überziehen** 250 g weiße Kuvertüre temperieren und die Pralinen wie auf S. 92 beschrieben dünn überziehen. Die Pralinen nicht zu dicht nebeneinander auf Backpapier absetzen. Dann mit einer Spritztüte mit weißer Schokolade »filieren« (ital. filo = Faden), d.h. die Kuvertüre in dünnen Fäden über die Pralinen schleudern. Zum Schluss einen kleinen Tupfen temperierter weißer Kuvertüre auf die Pralinen geben und die halbierten, in Honig gerösteten Macadamianüsse darauf setzen. Die Pralinen kühl und luftdicht aufbewahren.

Zutaten

Für ca. 60 Pralinen:

550 g weiße Kuvertüre

175 g Milka Weiße Schokolade

2 g weißes Trüffelöl

50 g Butter, 50 g Fondant

50 g Macadamiapaste

3 cl Nusslikör

60 halbe, in Honig geröstete Macadamianüsse

1

Kuvertüre verteilen

Temperierte weiße Kuvertüre mit einer Winkelpalette auf die in einem Plastikrahmen fixierte Gummilochmatte streichen.

2

Kuvertüre abnehmen

Gleichzeitig mit dem Spachtel die überschüssige Kuvertüre abnehmen und zurück in die Schüssel geben.

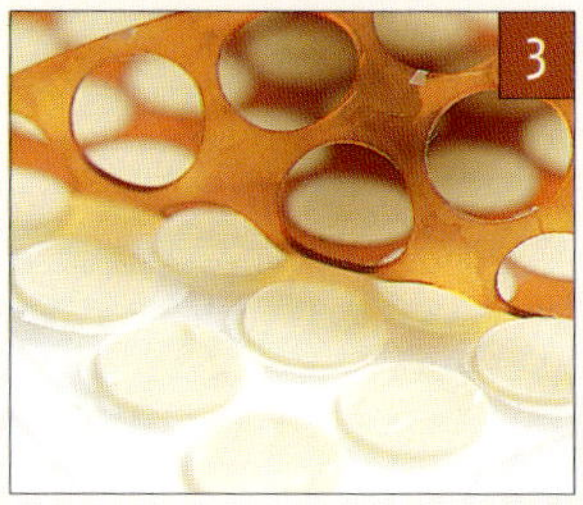

3

Gummimatte entfernen

Wenn die weißen Schokoblättchen fest sind, die ganze Gummimatte an einer Ecke anheben und entfernen.

4

Canache aufspritzen

Den fertigen Canache mit dem Spritzbeutel auf die Hälfte der Schokoblättchen spritzen, die anderen Blättchen aufdrücken.

5

Pralinen überziehen

Die Pralinen am nächsten Tag mit temperierter weißer Kuvertüre überziehen, dabei von links nach rechts arbeiten.

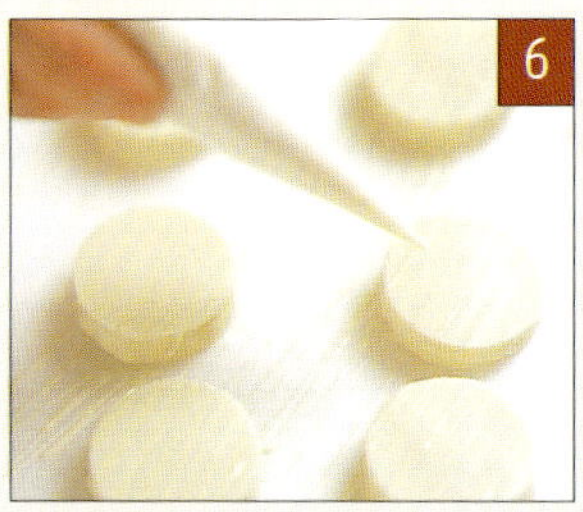

6

Pralinen »filieren«

Zum Schluss die Pralinen mit dünnen Fäden überziehen und die halbierten Macadamia-Honig-Nüsse aufsetzen.

Pralinenmäuse

Für die **Kuvertüreböden** die dunkle Kuvertüre temperieren, danach mit einer Palette dünn auf Backpapier aufstreichen. Sobald die Kuvertüre fest wird, mit einem Ausstecher Kreise von 2,5 cm Durchmesser in die Kuvertüreplatte einstechen. Ein zweites Backpapier auflegen und mit einem Blech beschweren, damit sich die Kuvertüre nicht wellen kann. Die ausgestochenen Kuvertüreböden etwa 10 bis 15 Minuten aushärten lassen, dann das obere Backpapier entfernen und die Böden ablösen.

Für den **Canache** Milka Schokoladen fein zerkleinern und im Wasserbad auflösen. Danach auf 32 °C temperieren. Die Butter mit der Pistazienpaste und dem Fondant glatt rühren und die flüssige Schokolade nach und nach in dünnem Strahl dazugeben. Zum Schluss den Arrak unterrühren. Den Canache mit einem Spritzbeutel (8er-Lochtülle) als Mauskörper auf die Kuvertüreböden spritzen: Den vollen Spritzbeutel jeweils etwa 1 cm über den Kuvertüreboden halten, etwas Canache aufspritzen und mit der Spritztüte am Schluss schräg abziehen. Dabei darauf achten, dass die Mauskörper leicht schräg auf den Kuvertüreböden sitzen und beim Abziehen der Spritztülle eine kleine Spitze zurückbleibt, die anschließend die Nase der Maus darstellt. Als Ohren je zwei Mandelblättchen im richtigen Verhältnis zur Nasenspitze in den Canache stecken. Canache über Nacht anziehen lassen.

Am nächsten Tag zum **Überziehen** die Vollmilch-Kuvertüre temperieren und die Mäuse dünn überziehen. Dafür jeden Pralinenkörper mit der Hand festhalten und kopfüber in die Kuvertüre einlegen. Dann mit der Pralinengabel unter den Pralinenkörper fahren und ihn in einer Kehrbewegung wieder aus der Schüssel nehmen. Die Mäuse gut in die Kuvertüre abtropfen lassen und auf Backpapier absetzen. Anschließend die weiße Kuvertüre temperieren, in eine Spritztüte füllen und damit die Nasenspitzen spritzen. Die restliche dunkle Kuvertüre temperieren und damit Knopfaugen aufspritzen. Zum Schluss noch Schwänzchen aus einer Mischung aus Rum und Vollmilch-Kuvertüre S-fömig auf die Rücken der Mäuschen spritzen. Die fertigen Pralinenmäuse kühl und luftdicht verschlossen aufbewahren.

Zutaten

Für ca. 15 Pralinenmäuse:
75 g dunkle Kuvertüre (60/40)
90 g Milka Alpenmilch
60 g Milka Zartherb
45 g zimmerwarme Butter
30 g Pistazienpaste
45 g Fondant, 1 cl Arrak
30 Mandelblättchen
150 g Vollmilch-Kuvertüre
10 g weiße Kuvertüre

Tipp:

Fondant kennt man hauptsächlich von Fondant-Ostereiern. Er besteht aus einer aus Zucker und Stärkesirup gerührten Masse, deren Konsistenz zäh und weich ist. In der Patisserie wird Fondant meist als Tortenüberzug und für Zuckerdekor verwendet.

Cassisträffel

Für den **Canache** Cassispüree mit Sahne aufkochen. Eigelb mit Zucker weißschaumig aufschlagen und das Sahnegemisch unter Rühren dazugeben. Wieder zurück in den Topf geben und bis kurz vor den Siedepunkt erhitzen. Durch ein feines Sieb auf 600 g gehackte dunkle Kuvertüre und die Glukose gießen. Die Masse glatt rühren, Crème de cassis und Butter hinzufügen. Mit einem Stabmixer den Canache emulgieren und auf ein mit Backpapier oder einer festeren Folie ausgelegtes Blech (22 x 30 cm) etwa 1 cm hoch einfüllen. Sehr gut eignen sich dafür Metallschienen, die man auf ein Plastikbrett legt und auf die gewünschte Größe einstellen kann. Mit einer Palette glatt streichen und über Nacht anziehen lassen.

Am nächsten Tag nochmals 800 g dunkle Kuvertüre temperieren und ganz dünn auf der Oberfläche verstreichen. Hat die Kuvertüre angezogen, Backpapier darauf legen und das Blech umdrehen, sodass der Block auf dem Papier liegt. Das Blech oder den Rahmen vom Canache entfernen. Die Canacheplatte in Quadrate von 2,5 cm schneiden. Dafür ein langes, scharfes Messer mit dünner Klinge immer wieder in heißes Wasser tauchen und kurz vor dem Schneiden mit einem sauberen Tuch abstreifen.

Zutaten

Für ca. 130 Pralinen:
300 g Cassispüree
(10 Prozent Zuckergehalt)
175 g Sahne, 2 Eigelb (ca. 40 g)
80 g Zucker
1400 g dunkle Kuvertüre
40 g Glukose
3 cl Crème de cassis
40 g zimmerwarme Butter

1 Canache einfüllen

Den emulgierten Canache in einen 1 cm hohen Rahmen aus Metallschienen (22 x 30 cm) füllen und glatt streichen.

2 Mit Kuvertüre überziehen

Am nächsten Tag temperierte dunkle Kuvertüre mithilfe einer Palette dünn auf die Canacheplatte streichen.

3 In Würfel schneiden

Die Canacheplatte umdrehen und mit einem langen, scharfen Messer in gleichmäßige Quadrate von 2,5 cm schneiden.

Zum **Überziehen** die übrige dunkle Kuvertüre nochmals temperieren. Beim Überziehen von links nach rechts arbeiten, d. h. links die rohen Pralinenkörper (das so genannte »Interieur«), rechts ein Stück Backpapier zum Absetzen der fertigen Pralinen bereit legen. Die Schüssel schräg stellen, sodass der Kuvertürespiegel auf Kantenhöhe der Schüssel ist. Das Interieur flach in die Kuvertüre setzen. Die Trempiergabel in die Kuvertüre tauchen und von rechts nach links über das Interieur führen, sodass dieses mit Kuvertüre bedeckt ist. Bei der Rückbewegung von links nach rechts überflüssige Kuvertüre mit der Gabelkante abstreifen. Dann die Praline mit der Gabel von unten anheben, zwei- bis dreimal auf der Kuvertürefläche absetzen und schließlich mit einem schnellen Ruck in die Höhe ziehen, um überflüssige Kuvertüre abzuziehen. Die Praline auf dem Backpapier absetzen. Zum Schluss nach Belieben mit der Gabel flach über die Praline ziehen, um ein Muster, den so genannten Gabelstrich, zu erhalten. Kühl und luftdicht aufbewahren.

Kräuterpralinen mit Minze

Für die **Kuvertüreböden** die dunkle Kuvertüre temperieren und mit einer Winkelpalette dünn auf Backpapier aufstreichen. Sobald die Kuvertüre fest wird, mit einem Ausstecher oder Glas Kreise von 2,5 cm Durchmesser einstechen. Ein zweites Backpapier auflegen und die Platte umdrehen. Mit einem Blech beschweren, damit sich die Kuvertüre nicht wellt. nach 10 bis 15 Minuten die Böden lösen.

Für den **Canache** die Sahne mit dem Tee und den Minzeblättern über Nacht im Kühlschrank ziehen lassen. Am nächsten Tag die Sahnemischung mit Glukose kurz auf 50 °C erhitzen und durch ein feines Sieb passieren. Die Milka Schokoladen fein zerkleinern und zur Sahne geben. Nötigenfalls alles noch einmal auf einem Wasserbad nachwärmen, damit sich die Kuvertüre vollständig auflöst. Den Canache auf Raumtemperatur abkühlen lassen. Die Butter in eine Schüssel geben und mit dem Schneebesen geschmeidig rühren. Wichtig ist, dass die Butter ebenfalls Raumtemperatur hat. In die aufgeschlagene Butter nach und nach die Kuvertüremischung einrühren. Zum Schluss das Orangenblütenwasser hinzufügen. Mit einem Spritzbeutel (6er-Sterntülle) den Canache als Rosette auf die vorgefertigten Kuvertüreblättchen spritzen. Den Canache fest werden lassen.

Zum **Überziehen** die Vollmilch-Kuvertüre temperieren. Die Canacherosetten jeweils bis zur Hälfte in die Kuvertüre tauchen, wieder herausnehmen und auf Backpapier absetzen. Dann fest werden lassen. Als Garnitur nach Belieben kleine Kuvertüreröllchen auf die Kräuterpralinen setzen. Pralinen kühl und luftdicht verpackt aufbewahren.

Zutaten

Für ca. 60 Pralinen:

75 g dunkle Kuvertüre (60/40)
100 g Sahne
12 g Eisenkrauttee (Verbena)
5 frische Minzeblätter
20 g Glukose
250 g Milka Zartherb
75 g Milka Alpenmilch
75 g zimmerwarme Butter
1 cl Orangenblütenwasser (oder Grand Marnier)
200 g Vollmilch-Kuvertüre

Tipp:

Bei den Kräuterpralinen handelt es sich um so genannte Frischpralinen, da sie nicht vollständig mit einer schützenden Kuvertüreschicht überzogen sind. Sie sollten deshalb möglichst schnell verzehrt werden. Wer die Pralinen länger aufheben will, überzieht sie am besten im Ganzen mit temperierter Vollmilch-Kuvertüre. Generell sollten Pralinen luftdicht verschlossen und bei 16 bis 18 °C aufbewahrt werden, da Kuvertüre leicht Fremdgerüche annehmen kann.

Sachregister

Kursive Seitenzahlen verweisen auf Abbildungen.

Anbaugebiete 43
Aromastoffe 50
Aromen 47
Azteken 12 ff., 40, 46, 51, 70

Baci 25
Bayonne 17, 22
Belgien 20, 24
Birmingham 22
Bludenz 54
Bologna 22
Brasilien 43
Brüssel 20, 24 f.

Cacahuatl 14
Caffè Rivoire 17
Chocolaterie 55
Chocolatl 14
Cocoa Tree 19
Codex Badianus 65
Coffee Mill and Tobacco Roll 19, 74
Conchieren 57
Conchiermaschine 24, 31
Côte d'Or 24

De Beukelaer 24
Demel 74
Deutschland 18
Dominikanische Republik 43

Ecuador 43
Eintafelanlage 57
Elfenbeinküste 43, 55
England 19
Ernte 43, *45*, 46

Fastenzeit 16
Fermentation *46*, 47
Florenz 17
Frankreich 17, 72 f.
Fry & Sons 24

Genussmittel *62*
Ghana 43
Ghirardelli Californian Chocolate Manufactory 24

Handel 48
Hershey 25
Historia general y natural de las Indias 14
Hohlkörperverfahren 58
Holländer 20

Inhaltsstoffe 46/47, 55, 62
– Wirkung 62 ff.
Italien 16, 70, 72

Jacobs 34
Jacobs Suchard 35
Jamaika 19
Jesuiten 17

Kakaoabkommen 48
Kakaoanbaugebiete 13
Kakaobaum *15*, 40, 42, *43*
Kakaobohnen 12, *13*, 46 f.
– Reinigung 48 f.
Kakaobutter 14, 20, 46, *50*, 50 f., 56 f.
Kakaofrucht *13*, 46, *46*
Kakaokernbruch 50
Kakaokerne *50*
Kakaomasse 51
Kakaomonopol 20
Kakaomühle 50
Kakaomütter 40, 42
Kakaopflanze *41*
Kakaoplantagen 13, *41*, 42, *42*, *45*
Kakaopresse 20, 23, 51
Kakaopresskuchen 51, *51*
Kakaopulver 23, 28, 50 f., *51*
Kakaosorten 43, *43*
– Criollo 43, *43*
– Forastero 43, *43*
– Mischen 50
– Tinitario 43
Kakaozubereitung *14*, 15
Klima 40, 42
Kolumbien 43
Kosmetik 51
Kraft Foods 8, 54, *54*, 56 f.
Kreazone-Schokolade 23
Kühlanlagen 58, *58*

Lehrwerkstatt 55
Lila Kuh 33, *34*, *35*
Lila Pause 35
London 19, 74
Lörrach *30*, 31 f., 35, 54, 56 ff., *59*

Manufaktur Masson 20
Mars 25
Mayas 12, 40, 46
Mexiko 12, 15, 42, 70
Milchpulver 56
Milka 25, 31, 32, *33*
Milky Way 25
Mittelamerika 40, 43
Mutterbäume *15*

Nährstoffe 66
Neapel 72
Neuchâtel 23
Niederlande 20
Nikoläuse 54
Noisettine 31
Nussini 35

Osterhasen 54

Patisserie *71*
Perugia 17, 25
Pharmaindustrie 51
Philip Morris/ Kraft General Foods 35
Physiologie des Geschmacks 62
Portugal 16
Pralinés 25, 73
Produktionsanlagen 55
Produktionsschritte *57*

Qualitätskontrolle *55*
Qualitätsunterschiede 66
Quetzalcóatl 12, *12*

Rohkakao 50, *50*
Rohkakaopreis 48
Rösten 49 f.
Rüttelstation 58, *58*

Schmelzschokolade 31
Schokolade als
– Antidepressivum *63*
– Aphrodisiakum 14, 18 f.
– Arznei 64
– Frühstücksgetränk *17*
– Genussmittel *18*
– Schlaftrunk 18
Schokolade, gefüllt 58, 67
Schokoladenfabrikation *20*
– in Deutschland 22
– in England 22
– erste 17
– in der Schweiz 22
– in den USA 22
Schokoladengeschäft 22
Schokoladenherstellung in Handarbeit *19*
Schokoladenkonfitüre 25
Schokoladentafel 24
Schokoladenwerk Kraft Foods 23
Schokoladenzubereitung 18
Schokoriegel 24
Schokotest 66
Schweiz 20, 22, 28
Serrières 23, *28*, 30
Sklaven 13, *41*
Sklaverei 42
Spanier 12 f., 15 f., 42
Straßburg 54
Suchard 23, 25, 54
– Reklame *31*, *32*, 32 ff.
– Conchen 31
– Tobler 35
Suchard's Milka Alpenmilch-Schokolade 31
Südamerika 40, 43

Theobroma cacao 18, *40*
Toblerone 25, 35
Trient 72
Trocknen 47, *49*
Tropen *15*, 40
Turin 17, 72

USA 20, 22, 25

Velma 31
Venedig 17
Venezuela 20, 43

Walter Baker Company 20, 22
Walzwerk 56 f.
Wassergehalt *49*
Westafrika 43
White's 19, *19*
Wickler *33*
Wien 19, 23, 74

Young & Rubican 35

Personenregister

Amado, Jorge 42
Anna von Österreich 17

Bachot, Joseph 18
Baker, James 20, 22
Baker, Walter 20
Baldauf, Nandl *20*
Benzoni, Girolamo 14
Bieswal, Léopold 24
Boucher, François *17*
Brancaccio, Francesco Maria *16*
Brillat-Savarin, Anthelme 62
Buitoni, Giovanni 25

Cadbury, John 22
Cailler, François-Louis 20, 22, 28
Callebaut, Charles 25
Carletti, Francesco d'Antonio 16
Casanova, Giacomo 62
Chaillou, David 17
Choiseul du Plessis-Praslin, Herzog 73

Cortez, Hernando 12 ff., *12/13*
Cromwell, Oliver 19

Diaz del Castillo, Bernal 14
Doret 22

Escher, Heinrich 20

Ferdinand von Spanien 12
Friedrich II. 18

Gage, Thomas 40
Ghirardelli, Domenico 20
Goethe, Johann Wolfgang von 19

Hannon, John 20, 22
Hellwig, Christoph 19
Hershey, Milton 20, 25
Hogarth, William *19*
Humboldt, Alexander von 46

Josty, Daniel 23

Karl V. *16*
Karl VI. 19
Kohler, Carl-Amadeus 23, 28
Kolumbus, Christoph 12, 47

Le Masurier *41*
Lindt, Rudolphe 24, 28, 57
Linné, Carl von 18, 40, *40*
Liotard, Jean-Etienne *20*
Ludwig XIII. 17
Ludwig XIV. 17

Maria Theresia 17
Marie-Antoinette 62
Mars, Frank 25
Moctezuma 12 ff., *12/13*

Napoleon 19, 72
Nestlé, Henri 24, 28
Neuhaus, Charles 24
Neuhaus, Jean 25

Oviedo y Valdés, Gonzalo Fernández de 14

Peter, Daniel 20, 24, 28
Pius V. 16, *16*

Rogers, Peter 63
Russ-Suchard, Carl *30*, 31, *31*, 54

Sacher, Franz 23, 74
Sade, Marquis de 73
Santa Cruz y Sahagún, Manuel Fernandez de 70
Schivelbusch, Wolfgang 16, 20
Schmidt, Peter 35
Sevigné, Marquise de 18
Suchard, Frédéric *28*, 30
Suchard, Philippe junior 30
Suchard, Philippe senior 23, 28, *28*, 30 ff., *30*, 54

Tobler, Jean 25, 28

Van Houten, Coenraad J. 20, 23, 28
Volckamer, Georg 18

Zumárraga, Juan de 15

Küchenregister

Alkohol 100

Bellini-Trüffel 100

Canache 90, 104
Cassistrüffel 114

Eierlikör-Pralinen 92

Färben von Schokolade 81
Fondant 112

Gefüllte Schokoblättchen »Alba« 110
Gold-Carrées mit Passionsfrucht 106
Glukose 96
Grünes Schokogras 81

Himbeerpralinen mit Luflée Joghurt 90

Igeln 96
Impfmethode 79

Kakaomalerei 87
Knuspertrüffel »Pharisäer« 104
Kokospralinen 102
Kräuterpralinen mit Minze 116
»Kuhflecken«-Pralinen 94
Kuvertüre 78 f., 81, 108

Läuterzucker 85, 92
Lackierpistole 85
Lagerung von Pralinen 116

Marmorierte Schokostäbe 86
Milchschokolade 20, 24, 28

Papierspritztüte 82
Pralinenmäuse 112

Schmelzen 78 f., 108
Schokoaufsatz 82
Schokoblätter 84
Schokofächer 80
Schokoladenfarben 87
Schokomodelliermasse 85
Schokoraspel 78
Schokoröllchen 80
Schokorosen 85
Schokospäne 78
Schokowaffeln Peanuts & Flakes 108
Sprühen mit Schokolade 85

Tabliermethode 79
Temperieren 78 f.
Trempieren 92, 96

Überziehen von Pralinen 92, 96

Vollmilchschokolade 55

Walnuss-Nougat-Pralinen 98

Zitronengras-Trüffel 96

Bestelladressen für Zutaten und Geräte

Hobbybäcker-Versand
Am Mühlholz 6
D-89287 Bellenberg
(0 73 06) 92 10 38

Oppeneder
St.-Martin-Straße 38
D-81541 München
(0 89) 69 56 36

Cardin Deko
Oberföhringer Straße 172
D-81925 München
(0 89) 95 76 735

Fotonachweis

AKG Archiv für Kunst und Geschichte, Berlin: 10–11, 17, 24 o. r., 40, 41;
Roberto Battistini: 55 o.;
Bridgeman Art Library, London: 23 (»Cacao Van Houten«; Victoria and Albert Museum, London);
Alexander Haselhoff: 56 u.;
Info-Zentrum Schokolade, Leverkusen: 10–11, 12, 13, 14, 15, 18, 19, 20–21, 22 o. l., 23 o. r., 25 r., 38–39, 41 r., 42, 43, 44, 45, 46–47, 48–49, 50, 51 o. l., 54 o., 58 u.;
©/® by KRAFT FOODS (Licenced by BAVARIA SONOR, 82031 Geiselgasteig): 22 u. l., 24–25, 25 o. l., 26–37;
Picture Press/Mondadori Press: 63;
StockFood und Foodphotography Eising, München: Vorsatz, 23 u., 24 (l. u. r.), 25 u., 45 o. l., 46 l., 51 o. r., 52–53, 57 o., 59, 60–61, 62, 64, 65, 66–67, 76–87, 88–117;
Teubner Foodfoto GmbH: 54–55.

Besuchen Sie uns im Internet

www.infozentrum-schoko.de
www.milka.com

München
1. Auflage 2001
ISBN 3-932023-91-9

Text: Stephan Anders
Rezepte und Foodstyling: Stephan Franz
Foodfotografie: Susie Eising
Redaktion: Linda Walz, Kathrin Ullerich, Kathrin Gritschneder
Koordination: Stefanie Brandt, Jasmin Merker (Kraft Foods), Jochen A. Rotthaus
Grafische Gestaltung: Werner Kopp, Georg Feigl
Umschlaggestaltung: Georg Feigl
Herstellung: Karin Mayer, Peter Karg-Cordes
Lithografie: Inteca Media Service GmbH, Rosenheim
Druck & Bindung: Mohn Media Mohndruck GmbH, Gütersloh

Besuchen Sie uns auch im Internet unter der Adresse
www.zsverlag.de